临漳县县标

临邺大道

* 所有照片由贾永军、张继珍拍摄提供。

临漳县行政办公中心

临漳迎宾馆

邺城博物馆

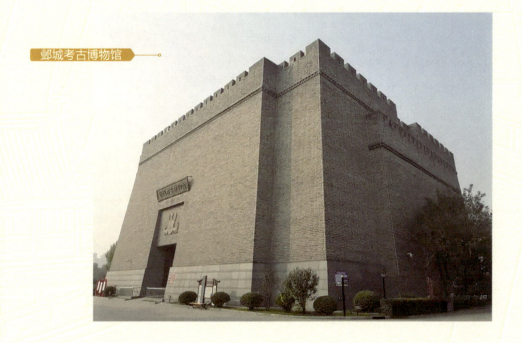

邺城考古博物馆

中国·郏城县令廉吏文化展馆

甄妃居

邺城考古博物馆大厅

鬼谷子文化产业园

七子园七子湖

七子园七子湖夜景

铜雀三台遗址公园

曹操拴马桩

# 千年革新话邺城

黄晓丽　袁敬利　王　健　贾永军　编著

中央党校出版集团　大有书局

**图书在版编目（CIP）数据**

千年革新话邺城 / 黄晓丽等编著 . -- 北京 : 大有
书局 , 2025. 5. -- ISBN 978-7-80772-217-5

Ⅰ . K292.24

中国国家版本馆 CIP 数据核字第 20250C46Z2 号

| | |
|---|---|
| 书　　名 | 千年革新话邺城 |
| 作　　者 | 黄晓丽　袁敬利　王　健　贾永军　编著 |

| | |
|---|---|
| 责任编辑 | 叶敏娟　周　舟 |
| 责任校对 | 李盛博 |
| 责任印制 | 耿中虎 |
| 出版发行 | 大有书局 |
| | （北京市海淀区长春桥路6号　100089） |
| 综 合 办 | （010）68929273 |
| 发 行 部 | （010）68929805　68922233 |
| 经　　销 | 新华书店 |
| 印　　刷 | 北京九州迅驰传媒文化有限公司 |
| 版　　次 | 2025年5月第1版 |
| 印　　次 | 2025年5月第1次印刷 |
| 开　　本 | 787毫米×1092毫米　1/16 |
| 印　　张 | 13.5 |
| 字　　数 | 151千字 |
| 定　　价 | 65.00元 |

本书如有印装问题，可联系调换，联系电话：（010）68929847

# 前　言

　　临漳县，地处河北省最南端，位居中原腹部，西望太行山，东眺齐鲁地，素有"天下之腰脊，中原之襟喉"之称，是西门豹投巫治水发生地、都城建设肇始地、铜雀台所在地、建安文学发祥地、佛教文化繁荣地，享有"三国故地、六朝古都"之美誉。

　　临漳古时称"邺"，邺城先后为曹魏、后赵、冉魏、前燕、东魏、北齐六朝都城，居黄河流域政治、经济、军事、文化中心长达四个世纪。源于邺城的西门豹投巫治水名闻天下，西门豹作为战国时期的邺令，立下了赫赫功勋。他惩治地方恶霸势力，禁止巫风，挖掘西门十二渠，实行"寓兵于农、藏粮于民"的政策，很快就使邺城民富兵强，成为战国时期魏国的重镇。邺城"中轴对称、分区布局"的建筑，开创了中国古代都城规划建设的先河，被誉为中国及日本、韩国古代都城建设的典范。繁荣于邺城的"建安文学"是中国文学史上的一朵奇葩，其清峻、通脱、驰骋、华丽的特点被称为"建安风骨"。建安年代是中国文学史上光辉灿烂的时期，在中国文学发展史上占有相当重要的地位。"破釜沉舟""曹冲称象""七步成诗""文姬归汉"等典故均出自临漳。"东风不与周郎便，铜雀春深锁二乔"（杜牧）、"生前一笑轻九鼎，魏武何悲铜雀台"（李白）等名诗佳句至今传诵。鬼谷子设庠授徒成为历史佳话，鬼谷子的主要著作有《鬼谷子》及《本经阴符七术》。2010年，临漳被中国先秦史学会鬼谷子分会确定为"中国鬼谷子文化之乡"。规模宏大、名列2002年全国十大考古发现的邺南城东魏北齐佛寺塔基遗迹，印证了当时佛教文化的兴盛及其中心地位。现存二十平方公里的邺城遗址，赋予了临漳深厚的历史文化底蕴。

我们编撰《千年革新话邺城》一书，就是要把邺城丰厚历史文化底蕴中的革新精神呈现在大家面前，让我们继承中华优秀传统文化，高举中国特色社会主义伟大旗帜，守正创新，为全面建设社会主义现代化国家而团结奋斗。

黄晓丽　贾永军

2025年1月

# 目　录

# 「科技篇」

# 「邺城文献两则」

政治篇

# 第一章 ●————————— 西门豹与邺城

## 第一节  邺作为都城的历史应从西门豹治邺开始

西门豹（图1-1）是中国古代著名的唯物论和无神论者，也是中国历史上唯物论和无神论的实践者。公元前422年，西门豹来到邺县（今河北省临漳县一带）任邺令，他巧妙地运用"以其人之道，还治其人之身"的办法，投巫于漳河之中，破除了邺地"河伯娶妇"的陋习，并开漳水十二渠，将农业生产尽快地恢复和发展起来，使邺地成为富饶之地，成为魏国统治东方的政治和经济中心，其在政治、经济、文化、军事方面均做出了重要贡献。

中国水利学会水利史研究会前会长、名誉会长姚汉源在《西门豹引漳灌溉》一文中指出："当时魏的首都在今山西南部的安邑（今安邑县北），文侯似曾迁都邺，至少是他常去的别都，是

图1-1　西门豹雕像

经营东方的重要据点。"《水经注·浊漳水》说："魏文侯七年始封此地，故曰魏也。"《史记·魏世家》记翟璜说："君内以邺为忧，臣进西门豹。"《太平寰宇记》云："史记曰，魏文侯出征，以西门豹守邺。"这些都说明邺曾为魏的别都。当时，韩、赵、魏为了向东发展，都向东迁都，有的还不止迁一次，如赵曾迁都中牟又迁都邯郸。这也从另一方面说明了邺曾是魏的别都。

## 第二节　廉吏西门豹

西门豹廉洁奉公、不谋私利、忠于国家。《韩非子·外储说左下》记载："西门豹为邺令，清克洁悫，秋毫之端无私利也，而甚简左右（不事君左右也）。左右因相与比周而恶之。居期年，上计，君收其玺。豹自请曰：'臣昔者不知所以治邺，今臣得矣，愿请玺复以治邺，不当，请伏斧锧之罪。'文侯不忍而复与之。豹因重敛百姓，急事左右。期年，上计，文侯迎而拜之。豹对曰：'往年臣为君治邺，而君夺臣玺；今臣为左右治邺，而君拜臣。臣不能治矣。'遂纳玺而去。文侯不受，曰：'寡不曩不知子，今知矣，愿子勉为寡人治之。'遂不受。"

西门豹佩韦以缓己，反映了他处处以大局为重，全面考虑问题的全局观念。据《临漳县志》记载，黄萱曾作《佩韦说》，文中写道："予尝读《西门豹传》，得其佩韦始末。""克刚以柔而托韦以佩，使朝触于目焉，警其心。暮触于目焉，警其心。心存则性敛，性敛则气平，气平则所谓一朝之忿，热中之躁，自伏以消，而中和之美可冀。然则偏颇之为，病砭伐之，固自有良剂哉。"

## 第三节　唯物论和无神论实践者西门豹

战国时期，魏国漳河一带田地荒芜、人烟稀少、民不聊生，这是当地官绅勾结巫婆神汉搞"河伯娶妇"所致。西门豹到邺县担任地方官后，当着众多百姓的面，把巫婆和官绅头目丢进了漳河，为邺县的百姓消除了大患。此后，西门豹积极组织百姓兴修水利，引漳河水为百姓所用，使邺县百姓安居乐业，庄稼年年有好收成。这一千古流传的故事，至今想起来都是使人非常痛快的，也有戏剧作品以这一历史事件为素材（图1-2）。

在科学发达的当代社会，还有人仍迷信算命先生所占卜的吉凶祸福，不惜花费钱财求神拜佛、祈求发迹或平安。甚至个别干部发动群众捐款捐粮用于修庙塑佛，大搞"落成""开光"的庆典，庙堂比学堂修得好，敬香求神不惜钱财，而捐资助学却无人响应。迷信活动泛滥之时，就是科学思想倒退之日。想想千年前的古人西门豹，尚能居官不扰民，能不信邪、不信神，敢于大胆打击巫婆官绅，其胆识、气魄真是令人敬佩。

图1-2 西门渠"河伯娶妇"历史剧剧本照

崇尚科学，反对迷信，倡导依法治国，这是现代社会追求的强国富民目标。如果在今天这个科技发达的社会中，还有人不惜钱财和时间大搞自欺欺人的荒唐活动，那不是十分可笑且应该受到抨击的吗？如果还有人借搞迷信活动而敛财坑害群众，那就要受到法律的惩处了。

西门豹治邺的故事应该是一面镜子，今天的人，应该以史为鉴。

## 第四节　西门豹主持十二渠工程

西门豹主持开凿漳水十二渠，引水灌溉农田。漳水含泥沙量大，而引水淤灌改良了灌区范围的盐碱土地，使农业产量得以提高，促进了这一地区的经济发展。这是中国古代有记载的大型灌溉渠系，西门豹则是中国多首制引水工程的创始人。水利史学家姚汉源在其所著的《西门豹引漳灌溉》一文中指出："有明确记载的中国古代大型渠系引水灌溉，以引漳的西门渠为最早。在战国初期，公元前5世纪后半期，西门渠在当时的邺。"《中华文明史》称："多首制引水工程漳水渠为中国最早的大型渠系。"

西门豹在其任期内，发动当地人在漳河上筑拦河堤堰十二道（图1-3），开十二个引水口，同时在南岸开渠十二条，并一举修建了梁式木桥十二座。每个渠口都有闸门控制，可见设计施工技术已经达到相当高的水平，从此邺地农田得到了充足灌溉。灌溉后，泥沙落淤，不仅提高了农田肥力，而且改良了盐碱地，使之"成为膏腴，则亩收一钟"（周至汉初，一钟折今六百市斤；汉武帝以后，则折今二百五十市斤）。

战国中后期，各国纷纷兴建以农田灌溉为重点的水利工程，其中较大的水利工程有都江堰（约公元前265年始修）和郑国渠（公元前245年始修）。直到宋代，历代邺令对西门渠仍多有修浚、维护，使这一庞大的水系工程世代造福当地人民。而且，自

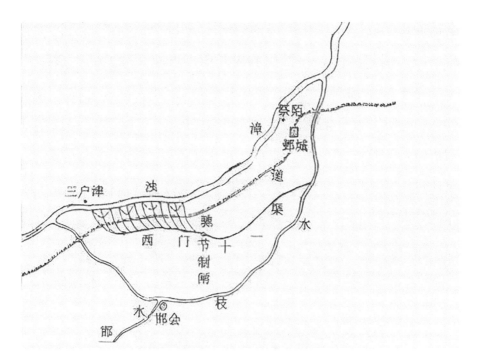

图1-3　西门十二渠示意图

西汉以下数百年间，邺地一直是重要的政治、经济地域。

《中国水利史稿》载《中国著名水利工程简介——引漳十二渠》文章指出：战国初期以漳水为源的大型引水灌溉渠系，灌区在漳河以南（今河南省安阳市北）。《史记》等古籍记，战国魏文侯（公元前445—前396年在位）令西门豹创邺。第一渠首在邺西十八里，相延十二里内有拦河低溢流堰十二道，各堰都在上游右岸开引水口，设引水闸，共成十二条渠道。灌区不到十万亩。东汉末年，曹操以邺为根据地，按原形式整修，十二堰称为"十二墱"，改名"开井堰"。《吕氏春秋·乐成》记，渠为魏襄王时邺令史起创建（西门豹后约一百多年），并批评西门豹不知引漳灌田。《汉书·沟洫志》采用了这一说法,和《史记》有矛盾。后人调和两说——西门豹先开渠,史起又开,并于东魏天平二年(公元535年)改建为"天平渠",并成单一渠首,灌区扩大,后称"万金渠"。渠首在今安阳市北四十余里,漳河南岸。隋唐以后,这一带形成以漳水、洹水(今安阳河)为源的灌区。唐代复修天平渠,并开分支,灌田十万亩以上。清代、民国有时还修复利用。1959年,在漳河上修建岳城水库,两岸分引库水,灌田数百万亩,从此代替了古灌渠。

## 第五节 西门豹"蓄积于民"

西门豹在兴修水利、发展农业的同时,采取了"蓄积于民"的措施——藏粮于民、藏兵于民。同时,他裁减官兵,让民众在农闲之时习武练兵,形成了"廪无积粟、府无储钱、库无甲兵、官无计会"的局面。在平日,这增加了农业生产的劳动力;在战时,又可以做到全民皆兵,有效地抵御外来侵略。这是我国历史上关于民兵训练的最早记载。安阳市委党史办原主任申泽田在《西门豹治邺的前前后后》一文中写道:"西门豹为巩固边防,在邺地大力推行富民强兵的政策。平时,官府的粮仓里没有堆积很多的粮食,财库里没有储存很多的金钱,武库里没有收藏很多的兵器,官吏也没有专门登记赋税的簿册。这种与众不同的做法，有些人多次在魏文侯面前告西门豹的状。魏文侯在他巡视邺地时，责备西门豹。西门豹举兵击燕，果获大胜。"

# 第二章

# 曹操与邺城

## 第一节　曹操开创邺城中轴对称城市布局

古邺城遗址位于现在临漳县西南二十公里的邺镇、三台附近，南临漳河，分邺南城、邺北城两部分（图2-1）。邺北城，始建于春秋，属齐，战国属魏。东魏、北齐时，又增修了邺南城（平面呈长方形，南北三千六百米，东西二千八百米）。这样，"扩建后的邺城，又当包含有自南北朝都城转化为隋唐都城的过渡性特征"（《考古》1997年第8期）。

东汉末，建安九年（公元204年），经官渡一战，曹操（图2-2）一举击败了当时雄踞中国北方的袁绍（时为冀州牧），占领了邺城（时为冀州牧治所，今临漳县邺镇、三台一带），自领冀州牧。之后，他一面营建邺城，将此作为他统一北方的大本营；一面继续进兵，平河北、战并州（今山西太原、大同及河北

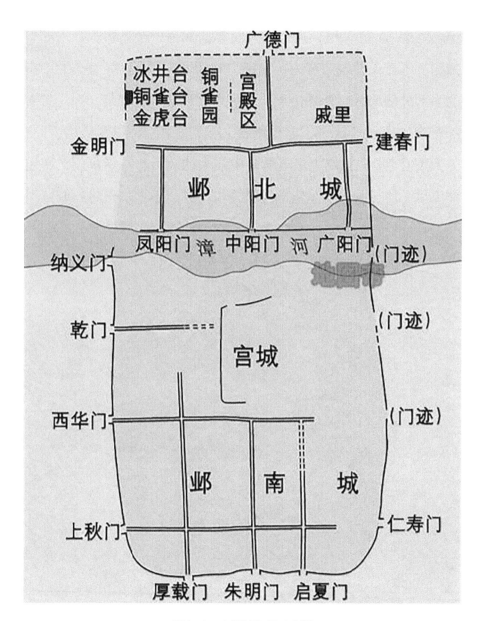

图2-1　古邺城复原示意图

保定一带）、征乌桓，进行统一北方的战争。经过艰苦征战，曹操剿灭了袁氏的残余势力，安定了北部边境。至此，整个北中国的大部分陆地尽归曹操治下。曹操雄踞邺城，虎视吴、蜀，打着汉献帝的旗号"挟天子以令诸侯"，逐鹿中原、扫荡群雄，"三分天下有其二"，成为汉末群雄中强大的政治、军事集团。平定北方后，曹操为进一步巩固统治地位，大兴土木，营建邺城。

图2-2 曹操雕像

邺城始建于春秋齐桓公时期，距今已有二千七百多年的历史，据分析，当年齐桓公筑邺城时，虽然当时也叫作"城"，但与我们现在所说的"城"的概念差距是很大的。当时的邺城，城市布局较乱，功能也不够完备，充其量只是个军事堡垒。而且经过长期战乱，城市也在一定程度上遭到了破坏。后经袁绍多年经营，又有所恢复和发展。曹操为什么要把邺城作为自己的大本营营建呢？这是经过深思熟虑的，是从政治、军事、经济及地理位置诸多因素综合考虑的结果。

首先，出于政治军事的需要。当时，曹操挟汉献帝迁都于许昌，"挟天子以令诸侯"。曹操虽占据了袁绍割据势力的大本营，但袁谭、袁熙、袁尚三兄弟仍占据幽、青二州，并与北部边境的乌桓勾结，结成了军事联盟。袁绍的外甥高干占据并州（其治所在今山西太原西南晋源街道），虎视邺城。袁氏集团对失去邺城是不甘心的，时时想卷土重来，当时曹操面临的军事形势是十分严峻的。而南方呢？东南建业（今南京）有孙权，荆州地区有刘表。这两大割据政权都拥有重兵，且有"地利""人和"之利，一时是难以消灭的。所以，曹操只好暂时搁置南方的两股割据势力不管，将汉献帝留在许昌，借天子这面政治旗帜震慑这两大军事集团，进而集中力量平定河北、统一北方。随着军事行动向北展开，曹操的指挥中心也需随之北移。邺城又经袁绍经营多年，已颇具规模，自然成为曹操的理想选择。

其次，邺城具有十分重要的经济物产。它西倚太行、东眺齐鲁，绵延南北，是一道天然屏障。其北、东、南三面都是大平原，土地肥沃，盛产棉、麦，是华北的天然粮仓。邺城正西数十里，有太行八陉之一的滏口陉，向西可通上党（今山西长治）、平阳（今山西临汾）、晋阳（今山西太原西南晋源）等主要高原农耕区，为粮源通道。滏口陉两岸险峰对峙、峭壁耸立，为太行山天然关口，大有"一夫当关，万夫莫开"之势。邺城西部的太行山区还蕴藏着丰富的矿产资源，尤盛产煤、铁。这是制作生产工具和兵器的重要资源，也是富民强兵的重要条件。

最后，邺城地处南北交通要道。汉时，华北地区多湖泊洼地，黄河又常徙常决，陆路交通十分困难。太行山东麓形成了一个南北冲积带，地势高且平坦，人们南来北往，皆取道于此。"南通郑、卫，北达燕赵"，在古代邺城素有"天下之腰脊，河北之襟喉"之称，历来为兵家必争之地。且不仅陆路交通方便，水路也很畅通，北有漳、滏，南有洹、淇和黄河，尤其是官渡之战后，为进一步沟通北方水路交通，曹操下令挖白沟、遏淇水，沟通了漳、洹、淇、黄四河，构成了水陆南北、东西交通的网络，使邺城成为华北地区重要的物产集散地。

在全面分析了诸多有利因素后，曹操根据邺城的地理位置和经济条件，在原来州治的基础上对其进行改建和扩建，按照王都的规模制定了开创性的城市建设规划。

在城市空间布局上，曹操的设计构思前承秦汉、后启隋唐，注意了中轴对称的城市建设布局。据《嘉靖彰德府法》记载，经曹操扩建后的邺城，东西七里、南北五里（经20世纪80年代考古实测，东西二千五百米，南北一千七百米）。外郭共七个城门，东西各一、南三北二。东门为建春门，西门为金明门（也称白门）。南三门从西到东依次为凤阳门、中阳门（也称永阳门）、广阳门。北二门，西为厩门，东为广德门。连接金明门和建春门的是一条东西大道，宽九步（经考古实测为十三米），这是整个邺城的东西中轴线。东西大道南，有南北大道三条。中间的中阳门大道（南起中阳门，北至东西大道）宽十七米、长七百三十米，直对宫殿区的主要宫殿，是邺城的主干道，也是邺城的南北中轴线。西边的凤阳门大道和东边的广阳门大道，也是南起城门，北至东西大道，其宽各为十三米，长度各约八百米。东西大道以北，还有两条南北大道，广德门大道宽九步，厩门大道宽六步。邺城这一街道布局和规模是较为合理且很有气势的（图2-3）。

在城市路网框架和宫殿建设布局的规划设计上，曹操独具匠心，城市设计呈棋盘格局，彰显了皇权至尊意识——以东西大道为界，把城区划分两部分，北半部是宫殿区及苑囿；南半部为居民区、手工业区和商业区。在南北中轴线上的文昌殿，殿前东钟楼、西鼓楼，晨钟暮鼓缭绕回荡，令人赏心悦目；殿前有广阔的场地，在此朝会群臣、接见宾客。文昌殿直对端门，端门之外，东有长春门，西有延秋门。另一重要殿堂是听政殿，位居文昌殿之东。所谓"外朝文昌殿、内朝听政殿"即点明了它的主要用途。听政殿南对司马门。司马门东西与端门齐。司马门北有显阳门，显阳门北有宣明门，宣明门北有升贤门。司马门是皇宫

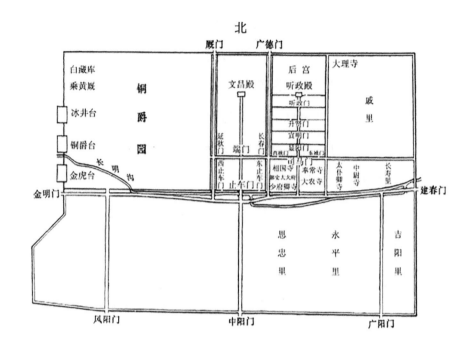

图2-3　曹操规划的邺城

的外门（正门），在邺城宫殿区诸门中是十分重要的一个门，非重大庆典或重大外事活动是不开此门的，违令者将要受到严厉惩处，王公贵戚也不例外。建安二十二年（公元217年）十月，临淄侯曹植酒后曾乘车私开司马门外出，曹操知道后大怒，下令处死门官并重责曹植。升贤门前左为崇礼门，右为顺德门。升贤门北有听政门，听政门北达听政殿。升贤门内有听政闼（小门），闼外东面有纳言闼、尚书台。宣明门内、升贤门外东入升贤署。显阳门内、宣明门外东去，最南有谒者台阁，次中央符节台阁，次北御史台阁。并向西符节台阁，东有丞相诸曹。这些就是简署，即丞相府的一系列办事机构。东西大道以北，宫殿区东是戚里（皇亲贵族居住区）、百藏库、武库和黄乘厩（养马区）。在东西大道以南的西城墙脚下，有大道达厩门，这里是骑兵马队出入城的主要通道。

在城市功能设施上，曹操强化规范有序、合理实用，凸显了其官民并重、分区明显的城市建设理念，并加强了城市功能配套设施的建设。史书记载，邺城南半部有思忠里、永平里、吉阳里（实际上可能还要多些）。坊里设有集市以进行贸易。《魏都赋》云："廓三市而开廛，籍平逵而九达。班列肆以兼罗，设圆阁以襟带。济有无之常偏，距日中而毕会。"由此可以看出，当时邺城的商业是十分繁荣发达的。

在营建邺城的过程中，曹操于建安十五年（公元210年）兴建起了铜爵台（又名铜雀台）。尔后，于建安十八年（公元213年）和十九年（公元214年）相继建造了金虎台（后赵时因避建武帝石虎讳而改名金凤台）和冰井台，史称"铜雀三台"。三台建在邺城的西北部，以城墙为基，南北一字排开——金虎台在南、铜雀台居中、冰井台在北，三台是曹操宴饮歌舞和会见宾客的重要场所，成为邺城一大景观。

从邺城整个城市布局来看，曹操颇费了一番苦心，充分体现了其革故鼎新的意识，特别是将衙署部署在东西大道以北这一格局，在城市建筑史上就是一个创新。"衙门口朝南开"，自曹操时期以来一千八百多年的城市建筑，大体都仿照这种建筑模式，特别是唐代的长安城、洛阳城，明代的北京城等莫不具有此种建造风格。曹操独创的邺城建筑模式还远播海外，日本的平城京（今奈良）及东南亚一些城市建筑模式，也都呈现了邺城的城市建筑布局和规划。曹操的邺城建筑布局和规划，成为中国城市建筑史上的典范，堪称中国城市建筑史上的神来之笔。

从曹魏占据邺城至北齐被灭于北周的数百年间，邺城经精心设计和建造，终成北方一座宏伟壮观的政治、经济和文化的中心城市，驰名华夏。三国两晋南北朝时期，共有曹魏、后赵、冉魏、前燕、东魏、北齐六朝在此建都，故邺城又有"三国故地、六朝古都"之誉，居北方政治、军事、经济、文化中心长达四个世纪。如今陟彼三台遗址之上，遥想邺城曾经的辉煌，仍让人心驰神往。

## 第二节　闻名中外的邺城"铜雀三台"

唐代大诗人杜牧在《赤壁》一诗中写道："折戟沉沙铁未销，自将磨洗认前朝。东风不与周郎便，铜雀春深锁二乔。""铜雀"指的便是曹操在东汉末年修造的铜雀台，距今已有一千七百多年了。

铜雀台遗址位于河北省邯郸市临漳（临漳古称邺，西晋为避愍帝司马邺讳，将邺城易名"临漳"，因北临漳河而得名）县城西南十八公里处，是全国重点文物保护单位。

罗贯中在《三国演义》中写道，曹操消灭袁氏兄弟后，夜宿邺城，半夜见到金光拔地而起隔日掘之得铜雀一只，荀攸言："昔舜母梦见玉雀入怀而生舜。今得铜雀，亦吉祥之兆也。"曹操大喜，于是决意建铜雀台于漳水之上，以彰其平定四海之功。

据史料载：当时的铜雀台高十丈，有屋百余间；金虎台和冰井台高八丈，金虎台有屋一百零九间，冰井台有屋一百四十间，内有三座冰室，每室内有井一眼，深十五丈，内储冰块和石墨（煤炭）；还有粟窖、盐窖等广贮食用之物以防不虞。北魏郦道元所著的《水经注·浊漳水》对此也有明确记载："冰井台，上有冰室，室内数井，载冰及石墨焉。石墨可书，又燃之难尽，亦谓石炭。"另外在晋人的书信中也曾提到曹魏邺城冰井台下藏有石炭数十万斤之多的情况。在距三台建成八十多年后的西晋太安二年（公元303年），时为大将军右司马的著名文学家陆云在邺城供职。他在给其兄，时为成都王司马颖部将，同为著名文学家的哥哥陆机去信时说："一日上三台，见曹公藏石墨数十万斤，云燃（一作"烧"）此，消夏（"复"，有些学者认为应作"冷"）可用，然烟中人，不知兄见也不？今送二螺（"螺"可能为竹筐）。"（《陆士龙集》，载《太平御览》六〇一卷）。这是关于我国煤炭早期使用的重要史料。《中国煤炭史》也称："中国曹魏冰井台是贮藏煤炭最早的地方。"由此可见，早在曹魏时，邺城地区就已经大量储藏利用煤炭这一天然能源了。如今，古迹冰井台早已被漳河水冲刷得荡然无存，但历史的记载却幸存下来，这无疑为研究我国煤炭资源的开发利用和邯郸地区煤炭开采使用的历史提供了宝贵资料。

铜雀三台是邺城的重要建筑，也是曹操独具匠心的杰作。当时台成后，曹操在台上举行了盛大庆典。曹操兴之所至，命手下文士吟诗作赋、武将射箭争袍、歌伎轻歌曼舞，自是热闹非凡。其时，才高八斗的曹操三子曹植文思敏捷，遵父命援笔立成千古名篇《登台赋》，令曹操惊叹不已。身为副丞相和五官中郎将的曹操次子曹丕自是不甘落后，也乘兴挥笔写下一篇《登台赋》，描绘铜雀三台盛景。其他邺下文人如刘桢、王粲、阮瑀、应玚等也竞相吟诗作赋，盛赞三台盛景和曹氏父子功德。相传，曹操当年还曾在铜雀台接见并宴请了从南匈奴归来的著名才女蔡文姬。兴之所至，蔡文姬在台上欣然演奏了她的名作《胡笳十八拍》，一时传为佳话。在中国文学史上颇负盛名的"建安七子"及邺下文人也经常于此活动，与曹氏父子谈文论诗，留下了诸多佳作。铜雀三台一时名噪天下。

铜雀三台巍峨耸峙，是邺城的制高点。置身台上，邺城盛景一览无余，尽收眼底。曹操修造铜雀三台的用意，不仅在于把它作为与宾客群臣及嫔妾饮宴欢娱的场所，更深一层的用意是把其作为一个战略据点。因当时天下大乱，群雄纷起，曹操"挟天子以令诸侯"，征战四方，政敌甚多，不得不考虑其自身安全问题。因而，他在建造铜雀三台时颇费了一番心思。

　　首先，曹操把铜雀三台建成了三个既相互关联又相对独立的台榭，中间相距六十步，以云桥或阁道相通。平时互为一体，一旦有了什么意外情况，中间阁道可以用铁索拉起，好像城门边的吊桥一样，成为三个独立体，"施则三台相通、废则中央悬绝"，这样自然就成了一个攻守自如的防御体系了。《三国志》载，当时曹操手下有个叫严才的部将曾发动叛乱，围攻铜雀三台，欲图曹操。曹操身居三台，处乱不惊，利用三台的地理优势据险而守，以守为攻，调动兵力，一举平息了这场叛乱。

　　其次，曹操深谙"狡兔三窟"的道理，在建造铜雀三台时，还在台下修造了暗道，也称"藏兵洞"或"转军洞"。此洞直通邺城西边，他的重要军事重镇——讲武城，一旦有什么重大事变且难以控制时，便可借此遁身别处。现在，在金凤台遗址的西南侧还有一个洞口，传说这便是曹操当年修造的"转军洞"（图2-4）。

　　到十六国时期，邺城先后是后赵、冉魏、前燕三朝的国都。到北朝晚期，东魏、北齐也相继在邺建都。东魏孝静帝将都城于洛阳迁邺后，因大量移民涌入邺城，邺城日显拥挤。于是，孝静帝与丞相高欢大兴土木，紧傍邺城又修建了一城，史称南邺城（原邺城称北邺城）。上述几个朝代都曾对以铜雀三台为中心的建筑群进行修复和扩建。十六国时期后赵石虎，其在曹魏铜雀台原有十丈高的基础上又增加二丈，并于其上建五层楼，高十五丈，共去地二十七丈。窗户都用铜笼罩装饰，日初出时，流光照

图2-4 转军洞

耀。又作铜雀于楼顶，高一丈五尺，舒翼若飞。

北齐天保九年（公元558年），征发工匠三十万，大修三台。整修后，铜雀台一度改名为"金凤台"。到唐代，又恢复了旧名"铜雀台"。元末，铜雀台被漳水冲毁一角，周围尚有一百六十余步，高五丈，上建永宁寺。

明朝中期，三台还存在。明末，铜雀台大半被漳水冲没。

北周大象二年（公元580年），北周权臣杨坚在平定相州（治邺城）总管尉迟迥的反叛之后，为防其死灰复燃，下令将邺城居民南迁相州（今河南安阳）后，火焚邺城，将这座百年帝都烧成一片废墟，从此一蹶不振，再无复兴机会。隋以后，由于战火连绵，加之漳河泛滥，经历百年风风雨雨，当年威武雄壮的古邺城和巍峨耸峙的铜雀三台已是楼去台倾、明日黄花。宋代名臣韩琦游铜雀台时曾赋诗一首，即《邺城怀古》，描写当时邺城的荒凉景象："邺城宫殿已荒凉，依旧山川伴夕阳。破瓦凿成今日砚，待教世人写兴亡。"可见，远在宋代，曾经辉煌数百年的铜雀三台，已是名存实亡了。

2012年11月8日，河北临漳县邺城博物馆和铜雀三台遗址公园被河北省科学技术厅认定为河北省第三批省级科普基地。这是邯郸唯一入选的县区，也是该县继邺城遗址产业园入选2012年河北省"十大文化产业项目"之后获得的又一殊荣。铜雀三台遗址公园于2011年成功荣膺国家AAA级旅游景区，是人们了解曹魏历史的代表性场所（图2-5）。公园内现有金凤台

图2-5 铜雀三台遗址

遗址、铜雀台遗址、文昌阁、碑廊和曹操转军洞、曹操塑像、文物陈列馆、"建安七子"馆、邺城及遗址现状展示馆等，生动直观地展示了邺城文化的魅力，游客能在游览中愉悦地接受历史知识。

## 第三节　曹操的革新思想

### 一、曹操的节约思想

历代帝王多从登基起，就命朝廷中通晓地理、风水的官员寻找"吉壤"造陵，建造帝王陵寝的靡费奢侈程度更是惊人。在曹操以前，无论是商周，还是秦汉，概莫能外。据甲骨文记载，自商王盘庚到帝辛，用于祭祀者不下一万四千人。春秋战国时，吴王阖闾墓"下池广六十步，水深一丈五尺，铜椁三重，颂池六尺，玉凫之流扁诸之剑三千，方员之口三千，槃郢、鱼肠之剑在焉。卒十万余人治之"（《史记·吴太伯世家》）。秦始皇即位后，便在骊山大规模修筑陵墓，直至他死去，一共花了三十六年时间建造陵墓。这一工程由丞相李斯负责，驱使工役七十二万人，陵墓内"宫观百官奇器珍怪徙臧满之"（《史记·秦始皇本纪》）。汉代还规定全国三分之一的赋税用于筑陵工程，汉武帝的陵墓竟修造了半个世纪之久。

由此可以看出，封建帝王不但挥金如土、骄奢淫逸，还要动用众民，挥霍巨金营造葬身之地。以此比照，权柄在握、雄踞一方"挟天子以令诸侯"的曹操以身作则，提倡并实施"薄葬"，这在历史上是很了不起的事。建安二十五年（公元220年），题为《题识送终衣奁》的记录很短："有不讳，随时以殓，金珥珠玉铜铁之物，一不得送。"（《通典》七十九卷）唯因如此，曹操（曹丕称帝后追封曹操为魏武帝）才成为我国最先倡导并实施"薄葬"的帝王（之前汉文帝虽提倡薄葬，但事实证明他并未真正实行）（图2-6）。

**图2-6　曹操墓内部**

曹操一生都很节俭，甚至过于严苛。建安二十二年（公元217年）岁末，天气十分寒冷。一天，曹操登上邺城高台，环顾四周，看见一个身穿绣衣的青年女子在台下走过，他立即派人查问，这是哪个女子，不事节俭、专好华丽。一问才知道这是曹植的妻子，曹操大为恼火，一道圣旨，逼她自杀了。《武帝纪》注引《魏书》说，曹操一生雅性节俭、不好华丽，后宫妃嫔衣服上不得织锦饰绣，侍女衣裙长度不准超过鞋帮，宫廷里的帷帐和屏风破旧了缝补一下再使用，且棉被和垫褥都不准有花纹。

《曹瞒传》也记载了曹操的朴素生活："太祖为人佻易无威重，好音乐，倡优在侧，常以日达夕。被服轻绡，身自佩小鞶囊，以盛手巾细物，时或冠帢以见宾客。每与人谈论，戏弄言诵，尽无所隐，及欢悦大笑，至以头没杯案中，肴膳皆濡于巾帻，其轻易如此。"当初，天下闹灾荒，中原一带常常发生人吃人的事情。军中无粮，靠采桑椹、摸河蚌充饥。曹操颁发了《屯田令》，动员士兵种田，解决了粮食问题。由于资财匮乏，曹操带头不穿皮革制作的衣服。曹操患头风病（三叉神经痛），官员劝他做一顶皮弁（皮帽）以御风寒，但他只戴了一顶绢做的帽子。在他的影响下，官员们就都不戴皮帽了。

曹操的"薄葬"思想，也传给了他的儿子曹丕、曹植。曹丕三十六岁时作《终制》，十分鲜明地道出了"薄葬"的主张："礼，国君即位为椑（内棺），存不忘亡也。昔尧葬谷林，通树之，禹葬会稽，农不易亩。故葬于山林，则合乎山林。封树之制，非上古也，吾无取焉。寿陵因山为体，无为封树，无立寝殿，造园邑，通神道。夫葬也者，藏也，欲人之不得见也。骨无痛痒之知，冢非栖神之宅，礼不墓祭，欲存亡之不黩也。为棺椁足以朽骨，衣衾足以朽肉而已。故吾营此丘墟不食之地，欲使易代之后，不知其处。无施苇炭，无葬金银铜铁……自古及今，未有不亡之国，亦无不崛之墓也……祸由乎厚葬封树。"（《魏书·文帝纪》）另外考古发现，我国自1946年以来发现的数十件玉衣，其年代都不晚于东汉，而玉衣是汉代贵族厚葬的重要特征，显然这与魏文帝曹丕黄初三年（公元222年）下诏禁用玉衣有直接关系。据此，曹魏时贵族实施薄葬的可信度是很大的。曹植四十一岁去世，卒前遗令薄葬，其墓在今山东东阿县的鱼山之麓。

## 二、曹操的教育思想

明人胡应麟在《诗薮》中说："诗未有三世传者，既传而且煊赫，仅曹氏操、丕、叡耳。"由此可见，曹氏确实与众不同、出类拔萃。这与曹操的悉心教育是分不开的。

曹操很注意教育方法。曹丕在《典论·自叙》中的话可为佐证："每每定省从容，常言人少好学则思专，长则善忘。"曹操经常教育孩子要趁年轻时抓紧学习，人在年少时学习可以做到专心致志、学而不忘，而年纪大了再学习，则记忆欠佳。且要求子女既习文也习武，力求成为文武兼备的全面人才，要全面发展，不要厚此薄彼、失之偏颇。曹操还采取了一系列具体措施，比如，他对偏长学文的孩子则要求多练武，他在《百辟刀令》中说："往岁作百辟刀五枚，适成，先以一与五官将，其余四，吾诸子中有不好武而好文学，将以次与之。"将百辟刀给诸子中"有不好武而好文学"者，其用意就是教育孩子全面发展，成为文韬武

图2-7　曹操画像

略兼备的有用人才。

　　曹操曾对骁勇剽悍的曹彰说：你不读书慕胜道，而喜欢乘汗马击剑，这不过是一夫之用，哪里值得看重呢？他要求曹彰在练武的同时，习文读《诗》《书》。但曹操也很注意因材施教的教育原则，对志在沙场的曹彰也不勉强，允许其发挥自己的特点，给他发展空间。总体来说，曹操要求子女全面发展是起了一定作用的。曹丕在《典论·自叙》中还说："余时年五岁，上以世方扰乱，教余学射，六岁而知射。又教余骑马，八岁而知骑射矣。"曹植善习文，但在父亲的教诲下也注意习武。他在初见邯郸淳时，曾与之谈论用武行兵倚伏之势，在《求自试表》中又称："伏见所以行师用兵之势，可谓神妙也。"虽然有夸夸其谈的成分，但也绝非无稽之谈。他们遵照曹操的教导，注意文武双修，并取得了较显著的成效。

曹操在起兵初期，由于实力不足，再加上没有巩固的根据地，行军作战经常带着家眷，虽然这主要是从安全角度考虑，但某种程度上也包含着让诸子熟悉军旅生活、增加军事知识的用意。经过一段闯荡后，曹操的实力增强了，也有了较为巩固的根据地，但曹操仍然经常带着孩子出征，其让诸子在实战中加强锻炼的用意就更加明显了。《后汉纪·孝献皇帝纪》记载，僚属建议曹操说："曹公世子聪明尊隽，宜高选天下贤哲以师保之，辅成［至］德。及征行军，宜以为副贰，使渐明御军用［兵］之道。"这种观点正符合曹操的教子之道。曹植自小生活在军旅之中，在随父征战中不断增长知识和才干，后来在《求自试表》中说："臣昔从先武皇帝，南极赤岸，东临沧海，西望玉门，北出玄塞。"朱珔也在《文选集释》中解释说："《魏志》兴平元年，太祖征陶谦，拔五城，遂略地至东海。此所谓'东临'也。建安十二年北征三郡乌丸，引军出卢龙塞，涉鲜卑庭，东指柳城。此所谓'北出'。十六年西征韩遂、马超，围杨秋于安定。二十年西征张鲁，出散关，至河池，攻氐王窦茂。此所谓'西望'也。又屡征孙权，或至濡须口，或至居巢，此所谓的'南极'也。"由此而见，曹植随父出征的足迹几乎遍及大半个中国。曹操不仅让诸子随军出征，还有意识地给他们压"担子"，比如，出征时，让曹丕、曹植留守邺城大本营；襄樊之战，曹仁被关羽围困，让曹植充任增援部队统帅，让曹彰单独率军远征等。曹操对诸子还与其他部属一样严格要求，如命曹彰北征代郡乌桓，临出发前，曹操就告诫他："居家为父子，受命如君臣，当以王法从事。"

曹操对于"高选天下贤哲以师保之"的建议，也是非常重视的。他总是挑选或德行卓著，或才能出众，或端方耿介，或文学素养很深的人辅佐诸子，尤其是辅佐曹丕。《三国志·魏书·武文世王公传》记载了魏明帝曹叡写给赵王曹干的《诫诲赵王干玺书》，其中有言："自太祖受命创业，深睹治乱之源，鉴存亡之机，初封诸侯，诏以恭慎之至言，辅以天下之端士，常称马援之遗诫，重诸侯宾客交通之禁，乃使与犯妖恶同。夫岂以此薄骨肉哉？徒欲使子弟无过失之愆，士民无伤害之悔耳。"由此可见，从开始封诸子起，曹操除对诸子严申训诫、严禁诸侯宾客互相交往勾结外，特别注意选拔端方正直之士辅之，以培养规范诸子的行为。为此，他曾专门下过一道《高选诸子掾属令》，其文曰："侯家吏，宜得渊深法度如邢颙辈。""高选"是严格选拔的意思。邢颙才俊德高，任平原侯曹植的家丞，曹操对其很欣赏，希望诸侯的属吏们都能深明法度，像邢颙一样。选拔诸侯属吏要以邢颙作为标准，可见曹操用心良苦。

经过曹操的选拔，先后做过曹丕辅佐的有凉茂、邴原、张范、崔琰等人。凉茂少好学，议论常引经据典以判断是非，历任曹操司空掾、侍御史、泰山太守、乐浪太守等职。曹丕为五官将，凉茂被选为长史。邴原和张范都是当时名士，邴原尤其"名高德大，清规邈世"（曹操，《为张范下令》）。曹操任邴原为五官将长史时，还专门下过一道手令："子弱不才，惧其难正，贪欲相屈，以匡勉之。虽云利贤，能不恧恧。"（曹操，《转邴原五官长史令》）"恧恧"是惭愧的意思。曹操这道手令的意思是，让邴原去担任曹丕长史，总管府中之事，虽说是对贤才的信任和重用，但还是委屈了邴原，心中感到惭愧。恭谨崇奉之意溢于字里行间，表现出曹操礼贤下士的诚恳态度。此外，曹操外出征战时，常命邴原、张范辅佐曹丕留守邺城，曹操还特别叮咛曹丕："你一举一动，都一定要征求这两个人的意见。"曹丕听从父亲的教诲，对邴原、张范二人执子孙之礼，十分尊重，对他们的意见和建议也积极采纳。

西征燕州时，曹操曾将崔琰留在邺城辅佐曹丕。曹丕任太子后，凉茂做过太子太傅，邢颙、何夔做过太子太傅，司马懿、鲍勋做过太子中庶子。

先后做过曹丕文学侍从的有徐干、苏林、王昶、郑冲等。王昶还任过太子中庶子之职。汉代时所谓的文学，是指学经书的人。曹操所设置的文学，不止陪伴诸王从事诗文创作活动。《三国志·魏书·武文世王公传》记中山恭王曹衮的事迹时写道："每兄弟游娱，衮独覃思经典。文学防辅相与言曰：'受诏察公举错，有过当奏，及有善，亦宜以闻，不可匿其美也。'"由此可见，在魏文帝曹丕时，文学还负有监察诸王、向上反映诸王表现的职责。

### 三、曹操的书法精品"衮雪"

在陕西省汉中市博物馆（古汉台馆址，相传是刘邦在汉中称王时所建府中），珍藏着迄今为止发现的曹操唯一的手迹字石拓片"衮雪"二字（图2-8）。字为隶体，苍劲雄浑，豪迈有力，为书法之精品。东汉建安二十年（公元215年），曹操西征张鲁至汉中，经过褒斜栈道石门（今陕西省褒城）时，看到褒河水流湍急，像连绵滚动的雪团，于是兴之所至，便挥笔题写了"衮雪"二字，镌刻于道旁石壁上（也有说刻于褒河激流中的巨

图2-8 "衮雪"石刻拓本

石上）。

曹操一生酷爱书法，且别具一格，自成一家，是个颇有造诣的书法家。评论曹操书法的是西晋的张华。《三国志·魏书·武帝纪》裴注引张华《博物志》说："汉世，安平崔瑗、瑗子寔、弘农张芝、芝弟昶并善草书，而太祖亚之。"崔瑗父子、张芝兄弟都是汉代大书法家，崔瑗、张芝成就尤为显著。唐人张怀瓘在他所作的《书断》中，将唐前的书法分成"神""妙""能"三品，崔瑗的草书和张芝的行书、章草、草书，都被张怀瓘列入神品，曹操的草书只比这几个人略逊一筹，得以与之相提并论，这说明曹操的书法艺术也达到了相当高的境界。张怀瓘把曹操列为妙品中的"章草八人"之一，评语"尤工章草，雄逸绝伦"。南朝梁代著名的书法评论家庾肩吾在其《书品》中把前朝的书法家分成上之上、上之中、上之下，中之上、中之中、中之下，下之上、下之中、下之下共九品，曹操被列入中之中，评语说："魏主笔墨雄赡。"除章草外，曹操对于篆隶也是擅长的。西晋崔豹在《古今注》中说："虞荔《鼎录》云：魏武帝铸一鼎于白鹿山，高一丈，纪征伐战阵之能，古文篆书，四足。更作鼎与太子，名曰孝鼎，刻古来孝子姓名。"这里虽然没有说明鼎上所铸之字为谁所写，但鼎既为曹操所铸，则其自书的可能性是很大的。爱好书法的人是很愿意展示自己的艺术才华的。

曹操很注意结交和网罗书法人才。东汉末期，著名的书法家蔡邕（张怀瓘在《书断》中将其八分、飞白列入神品，大篆、小篆列入妙品)、钟繇(张怀瓘定其为神品,庾肩吾在《书品》中将其列为上品之上,与王羲之齐名,后世合称"钟王")、韦诞、邯郸淳(张怀瓘在《书断》中将其大篆、小篆、八分、隶书列入妙品)、张芝、张昶等人与曹操在书法上有共同的爱好,与之交往很深,经常在一起切磋书艺。由此还留下了一个神奇的传说:钟繇少时,随刘胜入抱犊山学书三年,还与太祖、邯郸淳、韦诞、孙子荆、关枇杷等议用笔法。繇忽见蔡伯喈(蔡邕)笔法于韦诞坐上,自捶胸三日,其胸尽青,因呕血。太祖以五灵救之,乃活。钟繇后来成为曹操的亲信幕僚,辅佐曹操统一北方。曹操对其十分赏识,在《与钟繇书》中将其比作萧何,甚为倚重。

东汉灵帝时,有一个人叫梁鹄,字孟皇,安定(郡名,治临泾县,故城在今甘肃镇原县东南)人,善书法,很有名声,是曹操的老上级。东汉灵帝熹平三年(公元174年),曹操被举为孝廉,后以孝廉为郎,授洛阳北部尉(曹操的志向并不止于洛阳北部尉,而是想做洛阳令,但按当时朝廷的有关规定,尉的职务以孝廉为郎充任似已成定例,所以作为主管这件事情的选部尚书梁鹄还是根据尚书右丞司马防,即司马懿之父的推荐,让曹操做了北部尉)。曹操可能认为梁鹄从中作梗,有忌恨之意,但碍于情面,也不好明说。梁鹄在少年时就酷爱书法,师从于大书法家师宜官,以八分体知名。曹操也爱书法,闲暇时经常讨教于梁鹄,书法上有很大长进。之后,由于董卓之乱,天下分崩,曹操忙于征战,梁鹄四处流浪,他们之间的联系一度中断。后来,梁鹄奔荆州依附刘表，做了一名幕僚。建安十三年（公元208年），曹操打下了荆州，得知梁鹄在刘表手下，因为欣赏梁鹄的书法，准备把其招募到自己帐下。梁鹄知道现在的曹操已非当年做郎时的曹操，现在的曹操"挟天子以令诸侯"，权倾八方。听到曹操要招募自己的消息很害怕，梁鹄怕其因过去荐举洛阳北部尉一事不理解而报复自己，不知吉凶如何，于是就自己绑了自己到曹操营中求见。曹操见梁鹄自缚来见，遂好意宽慰，以礼相待，随后任梁鹄为军假司马，平时做秘书工作，还特别让梁鹄经常写些书法作品，自己随时临摹练习。曹操经常把梁鹄的书法作品悬挂在自己的帐中，以便随时欣赏、揣摩，对梁鹄十分器重。《三国志·魏书·武帝纪》建安十三年注引卫恒《四体书势序》曰："鹄后依刘表，及荆州平，公募求鹄，鹄惧，自缚诣门，署军假司马，使在秘书，以勤书自效。公尝悬著帐中，及以钉壁玩之，谓胜宜官。"从这段史料记载中可以看出，曹操对梁鹄的书法艺术是十分推崇的，而且还评价说梁鹄的书法水平已超过了老师师宜官。梁鹄在书法上名重一时，当时魏王宫殿题署均出自梁鹄之手。

## 四、酷爱音乐的曹操

曹操的音乐天赋很高。《三国志·魏书·武帝纪》裴注引张华《博物志》说："桓谭、蔡邕善音乐……太祖皆与埒能。"桓谭和蔡邕都精通音律，琴弹得很好，在东汉名声很大，曹操的音乐才能能够与他们并肩媲美，是很不容易的。曹操在邺城建造铜雀台，既有安全方面的考虑，也是为了享乐，其中一个重要原因就是欣赏音乐。曹操设置了鼓乐声伎，常常登台欣赏音乐，铜雀台俨然成了当时的音乐中心。曹操对音乐钟爱且身体力行，这对后来音乐的发展产生了一定的影响。南朝的王僧虔在论商乐时就说："今之清商，实由铜雀，魏氏三祖，风流可怀。"（《宋书·志乐》）

曹操对音乐人才也十分器重。蔡琰、阮瑀及祢衡都曾受到曹操青睐。蔡琰主要因为其有着超凡的音乐才能，还因为其父蔡邕与曹操是旧交。阮瑀被曹操征至幕下，曾"抚弦而歌"，为曲既捷，音声殊妙，当时冠坐，太祖大悦。祢衡则善击鼓。唐人段安节在《乐府杂录》中介绍鼓时说："其声坎坎然，其众乐之节奏也。祢衡常衣彩衣击鼓，其妙入神。"可惜的是，祢衡生性狂傲不羁，在政治观点上又属于拥汉派，常常弄得曹操下不了台，但曹操不愿担杀戮名士的污名，于是就将他荐往刘表处谋事。

建安十三年，曹操南征刘表取胜后，听说其幕僚中有一个叫杜夔的人，擅长音乐，于是将其招至帐下，任命为军谋祭酒，让其创制雅乐。杜夔"善钟音律，聪思过人，丝竹八音，靡所不能"。当时，在曹操手下有一个铸钟工匠名叫柴玉，心灵手巧，经他之手铸造了很多乐器。有一次，杜夔指派柴玉铸编钟，但柴玉造出的钟均达不到杜夔要求的声音标准。杜夔为保证质量，就让柴玉几次毁掉重新铸造，因此柴玉对杜夔很不满意，说杜夔对自己所铸之钟的音质标准掌握得很随意，拒绝重新铸造。杜夔见柴玉不听自己的意见，就将此事报告给曹操。曹操为了弄清情况，于是就将柴玉所铸铜编钟取出来亲自试听，结果证实杜夔有理。曹操发怒，重责柴玉，罚他做养马工。由此可见，曹操对音律，尤其对钟乐也是很内行的。建安十五年（公元210年），曹操建成铜雀台后举行庆祝大典，命乐工在铜雀台上演奏音乐，表演歌舞。同时，他还组织了一批艺伎，即今天的专业歌舞团，专门在铜雀台上演奏音乐，进行歌舞表演，称为"铜雀妓（伎）"。曹操每当征战返回邺城，都要到铜雀台上命艺伎为自己演奏音乐、表演歌舞，以娱其征战劳顿之心。

汉魏时代的音乐，有雅乐、俗乐之分。雅乐是郊祀朝会时的贵族乐章，其辞主要收录在《乐府诗集》的郊庙歌辞和燕射歌辞中；俗乐即朝野士庶共享的赏心悦目之乐，以汉武帝之后所采集的各地歌谣为主。其辞主要保存在《乐府诗集》中的相和歌辞、清商曲辞和杂曲歌辞等类中，其总名称为清乐或清商乐。以《乐府诗集》和《诗经》相比较而言，俗乐相当于《诗经》中的"国风"和"小雅"，而雅乐则相当于《诗经》中的"大雅"和"颂"。曹操出于礼仪的需要，并不摒弃雅乐，相反还组织有关音乐人士加强了这方面的创作，并采取铸钟的方式加以推广。据《文选》中左思所作《魏都赋》引李善注："文昌殿前有钟簴，其铭曰：惟魏四年，岁在丙申。龙次大火，五月丙寅。作蕤宾之钟。又作无射钟。建安二十一年七月，始设钟簴于文昌殿前，所以朝会四方也。"钟是演奏雅乐的主要乐器，曹操铸造这两种钟，就是为了用作朝会和宴饮。另据记载，蕤宾钟"重二千八百钧十有二斤"，无射钟"重三千五十钧有八斤"（《北堂书钞》卷一〇八）。"一钧"约等于现在三十斤，如果《北堂书钞》所载没有出入的话，这两个钟的重量均达数万斤。当时动用这么多的铜来铸钟，曹操可以说是独出心裁、不计血本了。

《宋书·志·乐三》在介绍俗乐演唱形式时说："《但歌》四曲，出自汉世。无弦节，作伎，最先一人倡，三人和。魏武帝尤好之。"这主要是由于俗乐本身具有雅乐所不能及的种种长处。从内容上看，雅乐庄重典雅但千篇一律，而相和杂曲却都是"汉世街陌谣讴"（《宋书·志·乐一》），内容丰富、情感真切、新鲜感人。从演唱的形式看，雅乐呆滞、缺少变化，而俗乐形式多样、活泼生动。如《但歌》由一人领，三人和，一人打节拍同时主唱。从演奏乐器看，雅乐主要是用金石，音乐声典雅凝重，而俗乐主要用管弦，音色悦耳清新、飘逸多变。由于俗乐具有上述特点，受到了朝野士庶的普遍喜好，并且自西汉以来在统治阶级和贵族文士中形成了爱好俗乐的传统，这对曹操自然产生了深刻的影响，使其能雅俗共赏、心领神会，成为音乐的爱好者和倡导者。

建安二十三年（公元218年）正月，曹操南征关羽，从摩陂（地名，故址在今河南郏县东南）回到洛阳，突然发病。曹操自知病体沉重，断断续续下了几道《终令》和《遗令》，除对自己的墓葬、殡仪规格做了安排，还特别交代："于台堂上安六尺床，施穗帐，朝晡上脯糒之属，月旦十五日，自朝至午，辄向帐中作伎乐。"可以看出，曹操不仅生前酷爱音乐，即便在他临死之际，还不忘在《遗令》中交代，让铜雀妓们按时对着他设在铜雀台上的灵位演奏音乐。宋末元初诗人赵文曾作《铜雀台》道："朝望西陵墓，夕望西陵墓。望望不复归，月朔又十五。月朔十五可奈何，更对空帏作歌舞。"

## 第四节　曹操的科技创新

### 一、曹操是中国历史上的帝王造刀人

汉献帝初平元年（公元190年），曹操在老家招募兵士，准备参加讨伐董卓的战争。由于缺少兵器，曹操苦心钻研造刀技术，成为造刀能手。在他指导下造出的战刀，非常锋利耐用，在战场上发挥了很大的作用。有一次，他在老家正在同工匠一起制作卑手刀（一种军用短刀），被前来看望他的曾做过豫州刺史的孙宾看到了，就讥笑他道："你身为首领，应当考虑大事，怎么跟工匠一起制作刀具呢？"曹操哈哈大笑道："作为一个领导人物，既能做大事，又能做小事，大事小事都能拿得起放得下，这又有什么不好呢？"从这件事可以看出，曹操既能谋划大事，又能抓起制作军刀这样的小事，还能热心钻研和熟练掌握造刀技术，这种实干精神是很难得的。

建安二十一年（公元216年）十一月，由曹操亲自研究并指

导制作的一种名叫"百辟刀"的宝刀制作成功，历经三年。这种刀锋利无比，分为龙、虎、熊、马、雀五种标识，堪称兵器中之精品。曹操在《内诫令》中对其做了说明："百炼利器，以辟不祥，慑服奸宄者也。""奸宄"，自然是指坏人。曹操铸炼此刀的目的是祛除不祥、震慑坏人。曹植继曹丕之后，得到了曹操赠予的百辟刀，为此曹植还专门写了一篇《宝刀赋》："建安中，家父魏王乃命有司造宝刀五枚，三年乃就，以龙、虎、熊、马、雀为识。太子得一，余及余弟饶阳侯各得一焉，其余二枚，家王自杖（仗）之。"此文大意为，建安中期，曹操命制刀部门制造了五口宝刀，三年时间才造成。以龙、虎、熊、马、雀为标记。这五口刀，太子（曹丕）得到一口，我和我的弟弟饶阳侯（曹林）各得到一口，其余二口由父亲自己佩戴。

曹操对这五口宝刀的制作十分重视，除为其确定不同图案的标记外，还专门下令时任侍中、关内侯，也是"建安七子"之一的王粲写了《刀铭》，镌刻在这五口宝刀上。

## 二、用于实战的抛车"霹雳车"

建安五年（公元200年），曹操与袁绍在官渡决战（图2-9）。袁绍军筑起楼橹、堆起土山，向曹操营寨射箭，令曹军感到恐惧。

《三国志·魏书·袁绍传》记载："太祖（曹操）乃为发石车，击（袁）绍楼，皆破。绍众号曰霹雳车。"曹操制造发石车，攻破袁军壁楼。发石车实为一种抛石装置，上装机枢，弹发石

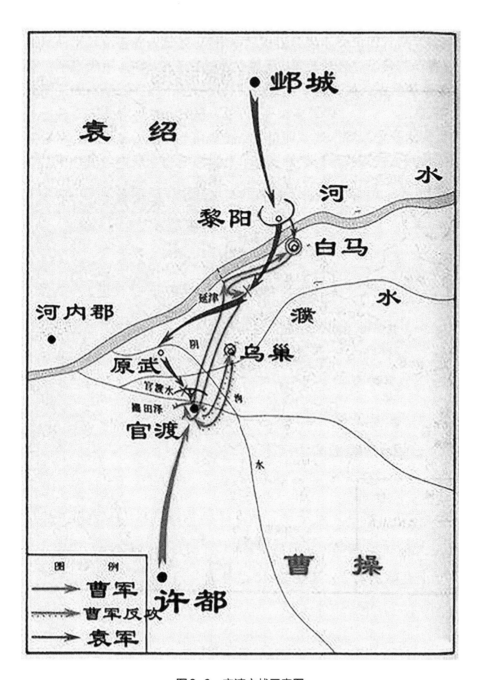

图2-9　官渡之战示意图

块。因其声如雷震，故名"霹雳车"，亦称"抛车"，在车上用粗竹将石块抛击出。《明史·志·兵》记："（弘治）十六年，闲住知府范吉献先锋霹雳车。"

"霹雳车"为史书中最早有记载的抛石装置，利用杠杆原理，抛石攻击敌方城池、城防设施和人员。南北朝后期，其发展成一种舰用水上拍竿。在隋灭陈的荆门水战中，隋舰在船四周共装有六座巨大的拍竿，高可达五十尺，击沉陈军战舰十余艘，威力惊人。

三国时魏国科学家马钧研究发石车并加以改进，"欲作一轮，县大石数十，以机鼓轮为常，则以断县石飞击敌城，使首尾电至。尝试以车轮县瓴甓数十，飞之数百步矣"（《三国志·魏书·方技传》裴松之注）。马钧虽使霹雳车提高了抛射兵器的威力，但未获统治者采纳，非常可惜。

### 三、曹操精通酿酒技术

建安元年（公元196年），汉献帝由洛阳东迁至许县，由于连年战乱，物资十分紧缺，为了使献帝能够过上较为充裕的生活，曹操特地上表，将自己掌握的酿酒技术详细介绍给献帝，写《奏上九酝酒法》，其文说："臣县故令南阳郭芝，有九酝春酒。法用曲三十斤，流水五石，腊月二日渍曲，正月冻解，用好稻米，漉去曲滓，便酿法饮。日譬诸虫，虽久多完，三日一酿，满九斛米止。臣得法酿之，常善；其上清滓亦可饮。若以九酝苦难饮，增为十酿，差甘易饮，不病。"九酝酒即九酝春酒，是一种须酝九次的酒。曹操所说的酿酒方法是：用酒药三十斤、活水五百斤，腊月二日把酒药浸泡在水中，正月解冻后过滤去渣，用好稻米酿造。三天一次，每次用一斛米，满九斛为止。如果觉得味苦，还可再多酿一次，这样就比较甘甜好喝了。虽然这些酿酒的方法是过去的谯县县令郭芝传授下来的，但曹操在此基础上改进工艺，使其酒质和口感越来越好。从"臣得法酿之，常善"一语看来，曹操是通过不断实践精通了这一酿酒方法的。

早前，曹操辞去东郡太守回到老家谯县（今安徽亳州）闲居时，跟他的老朋友，时任谯县县令的郭芝学习酿酒法。他学会后，还把酿酒的方法教给乡亲，如今在曹操的老家，生产有"曹操家酒"和"曹公宴酒"等，据说是照着当年曹操传下来的方法酿造的。

曹操会酿酒，也爱喝酒，他在《短歌行》一诗中就曾写道："对酒当歌，人生几何！譬如朝露，去日苦多。慨当以慷，忧思难忘。何以解忧？唯有杜康。"

## 第一节　由地方官主持的大规模括户活动

括户，即检括户口（括是清查、查检的意思）。古时封建政府主要通过括户解决地方户口隐瞒不报和遗漏忽略的问题。

北朝时期，东魏（定都邺城）的户籍管理一度出现混乱，户籍人口严重失实，从而导致徭赋不均，国家财政出现紧张局面。为此，控制东魏政权的高欢于孝静帝武定二年（公元544年）采取一项重大措施，委派地方官吏孙腾、高隆之组织开展一次全国性的扩充户籍活动。孙、高二人皆为高欢心腹亲信，不仅政治上身居高位，而且具有经济头脑，善于理财。通过二人的精心组织，合理安排，共括出逃户六十余万，约占东魏全国总数的三分之一人口。户数的扩大，使赋税大增，"是后租调收入有加焉"。括户活动取得巨大成功，成绩之显著可与强盛的隋唐括户相提并论。

武定括户是在全国（东魏统治区范围内）进行的，设置了专职括户使，实行了分道划区同时并举的方法，这种成功方法为以后隋唐括户活动提供了宝贵经验。


## 第二节　治理次生盐碱地

自古邺城漳水含泥沙量大。战国初期，魏文侯以西门豹为邺令，开十二渠引水淤灌，一定程度上改良了灌区范围的盐碱土地，农业产量得以大幅提高，促进了这一地区的经济发展，使邺地富庶称治。

继西门豹之后，魏襄王（公元前318—前296年在位）时，邺令史起继续开渠引漳水灌田，进一步使邺地一带的次生盐碱地得到大面积改良。邺地民歌歌颂道："邺有贤令兮为史公，决漳水兮灌邺旁，终古舃卤兮生稻粱。"（《汉书·沟洫志》）。"舃（潟）卤"即"斥卤"，指含有盐碱过多不宜耕种的恶田。史起在治理次生盐碱地时，除采取修理灌渠、引水洗盐外，并种植"稻粱"，此为农业史上的"种田洗盐"之法，开创了我国古代综合治理盐碱地的范例。

## 第三节　祖珽改革机构选拔制度

祖珽，字孝徵，祖籍范阳遒县（今河北涞水）人，生于北魏末年，但其一生的主要活动是在东魏、北齐的国都邺城进行。

祖珽少时即天资聪慧，凡诸伎艺莫不精通。十二岁时以一篇《清德颂》赢得东魏大丞相高欢的赞赏，世称奇才。公元561年高湛为帝时，征召祖珽为秘书监，加仪同三司，备受宠幸。由于他和高湛的亲信贵族和士开发生矛盾，遭到打击报复，受到严厉的处罚，以致双目失明。公元565年，高湛的儿子高纬（北齐后主）执政，因祖珽以前曾帮助高纬巩固储位有功，于是高纬重新起用祖珽，并给予厚遇。每上朝，后主即令太监数人扶持出入，"共榻论政事，委任之重，群臣莫比"。公元568年祖珽升任尚书左仆射（宰相）之职，因此他堪称我国历史上唯一的盲人宰相。

祖珽当上宰相后，大胆改革机构人选，抑制鲜卑贵族特权，重用一批汉族知名人士和官吏，努力促进胡汉民族融合，使朝廷出现了新的气象。但不久，他就遭到了以后主乳母和一些宠臣贵族的阻挠破坏。昏庸的后主也改变初衷，解除了祖珽的仆射之职，贬为北徐州刺史。鲜卑贵族乘机对汉人施加报复，大杀汉人，弃尸漳水，从而失去了民族融合的大好机会。

祖珽双目失明，却在北徐州任刺史时，亲临战场前沿，凭借勇气和才智演出了一场精彩的空城计，吓退了进犯该城的南朝陈国军队和附近造反的民众，成为闻名的盲人将军。

## 第四节　《北齐律》

"十恶"是指隋朝《开皇律》中的"谋反、谋大逆、谋叛、恶逆、不道、大不敬、不孝、不睦、不义、内乱"十种重大罪名，是中国封建王朝出于维护地主阶级统治的需要所规定的不可赦免的重罪。它源于北齐制定的《北齐律》中的"重罪十条"（反逆、大逆、叛、降、恶逆、不道、不敬、不孝、不义和内乱）。

南北朝时期的北齐政权（定都于邺城）建立后，于北齐天保元年（公元550年），由尚书令高睿和世传律学的封述、封隆、崔暹、魏收等议造《北齐律》，历时十四年，至武成帝河清三年（公元564年）完成。它分为名例律、禁卫律、婚户律、擅兴律、违制律、诈伪律、斗讼律、贼盗律、捕断律、毁损律、厩牧律和杂律十二篇，共九百四十九条。同时还制《新令》四十卷。《北齐律》编纂得体，"法令明审，科条简要"（《隋书·刑法志》），是在总结汉、魏、北魏、晋等历代刑律经验的基础上校正古今、锐意创新而制定的，是一部较成熟的承上启下的重要法典，为隋唐律典之蓝本。值得一提的是，《北齐律》在中国古代律典中规定了"十恶不赦"的重罪，犯此十种罪者，不在"八议"论赎之限，也就是说在遇常赦及皇帝疏决期间执行刑罚时，不准以任何方式减轻或赦免对这十种罪犯的惩罚。因为这十恶大罪，直接触犯了封建国家的统治基础和统治秩序，被视为最严重的犯罪，体现了礼法结合、维护皇权的特点。这也是成语"十恶不赦"的典源出处。"十恶不赦"之制，隋代修改后正式写入了法典之中，从此成为中国封建社会法典中重罪制度的重要内容，一直沿用到清代。

我国刑法史上的"五刑"体系肇始于《北齐律》。《北齐律》规定有刑名五种："死刑、流刑、刑罪、鞭、杖。"并规定这五种罪皆可赎，旧制以金为赎，后皆代以中绢。凡犯罪标准达到处罚绢一匹及杖十以上，皆名为罪人。众所周知，我国奴隶制刑罚历经夏、商两朝，到西周统一了起来，后经春秋战国社会制度的大变革，引起了刑罚制度的再度紊乱，再历经秦、汉、曹魏和两晋，到北齐的《北齐律》时又逐渐归于统一。从封建制刑罚制度来讲，秦朝刑罚有几十种，到北齐时只规定五种，刑罚的减轻确实是历史的进步；但与我国封建社会通用的笞、杖、徒、流、死五刑比较来看，二者并没有本质的区别。从这种意义上看，我国历史上的笞、杖、徒、流、死五种刑罚，与其说产生于隋、唐，倒不如说肇始于《北齐律》的"五刑"，不同的只是"徒"在北齐叫"刑"，而"鞭"改用"笞"罢了。

《北齐律》开创的"五刑"到隋时经重新定名，后世历代一直沿袭未变［只是在某个朝代（如宋代）对其具体的内容稍做了调整和补充〕，成为我国封建历史上刑制中的主要内容，所以《北齐律》的刑制在中国刑法史上具有十分引人注目的地位。

## 第五节　我国古代皇宫中后妃宫女众多的朝代——后赵

我国历代后宫制度，多本于《周礼》。天子除立一皇后外，尚有三夫人、九嫔、二十七世妇、八十一御女；再加上宫女，后宫人数十分可观，俗话说"后宫佳丽三千"。西晋初年，后宫佳丽号称万人。而唐朝的东都洛阳及西都长安，则拥有宫女多达四万人。不过最多的恐怕要属十六国时期的后赵（定都邺城），据资料记载，后赵太祖石虎的后宫宫女多达十万人，人数之多创下历史纪录。

《晋书·载记·石季龙上》载，朱轨以道路不修，被石虎囚禁，将加酷法。"冠军苻洪谏曰：'……今襄国、邺宫足康帝宇，长安、洛阳何为者哉？盘于游田，耽于女德，三代之亡恒必由此。而忽为猎车千乘，养兽万里，夺人妻女，十万盈宫……特愿止作徒，休宫女，赦朱轨，允众望。'季龙省之不悦，惮其强……乃停二京作役焉。"苻洪在这里所说的石以十万宫女充实后宫，可能有些夸张，但我们从现有资料可知，石虎宫女数量明显超过唐代二都宫女四万之数，所以说创历史纪录并不为过。现就《邺中记》、《嘉靖彰德府志》和《资治通鉴》等文献，辑录一些有关的资料，使大家对石虎及其生活有一个大致的认识和了解。

公元335年，石虎掌后赵实权后，把都城从襄国（今河北邢台）迁至邺城，称"大赵天王"，并大规模营建邺城，使之壮观瑰丽，"当其全盛之时，去邺六七十里，远望岧亭，巍若仙居"。《嘉靖彰德府志》评述石虎营邺曰："起一桥而费亿万之功，筑一苑而役六十万人……又大发百姓女二十以下十三以上三万余人以充后庭。郡县要媚，务于美淑，夺人妇者九千人，杀其夫及遣而缢死者三千人。"另外，太子石宣和其他公侯征选的美女也达一万多名，并把她们集中到邺城，由石虎亲自挑选，民因此外逃，地方州官无法制止而被石虎处死者达五十多人。《邺中记》记："石虎征讨所得美女万余，以为宫人，简其有才艺者为女尚书。"石虎晚年时，女官已增至二十四等，封侯者达十二人。以上史料，《资治通鉴》也有记载。又《邺中记》云："宫人数千，陪列看坐，悉服饰金银熠熠。又于阁上作女妓（伎）数百，衣皆络珠玑，鼓舞联倒，琴瑟细伎毕备。"又《邺中记》记："（石虎）于魏初于铜爵台上起五层楼阁，去地三百七十尺，周围殿屋一百二十房，房中有女监、女伎……又安金纽屈成屏风床，床上细直女三十人，床下立三十人，凡此众妓（伎），皆宴日所设。""（石虎）尚方御府中，巧工作锦，织成（三）署皆数百人……，锦有大登高、小登高、大明光、小明光、大博山、小博山……工巧百数，不可尽名也。"据推测，这些织成署中织锦的巧工也应是宫女中的能工巧妇。又《邺中记》记："邺城西三里桑梓苑有宫临漳水，凡此诸宫，皆有夫人侍婢……三月三日及蚕时，虎皇后宫人数千出桑，游戏其下。""季龙（石虎）常以女骑一千为卤簿，皆着紫纶巾、熟锦袴、金银镂带、五文织成靴。""（石虎）自襄国至邺二百里中，四十里辄立一（行）宫；宫有一夫人，侍婢数十……凡虎所起内外大小殿台观行宫四十四所。""石虎三月三日临水会，公主妃主、名家妇女，无不毕出。临水施帐幔，车服灿烂，走马步射，饮宴终日。"

以上《邺中记》的资料为今人从《水经注》《北堂书钞》等十五种文献中辑出的，从中我们可以看出石虎掌后赵实权十五年，其大规模营建邺城，使之巍若仙居，征选了数以万计的美女、侍婢充斥后庭，过着骄奢淫逸、腐朽糜烂的帝王生活；但是好梦不长，当他于公元349年称帝后，不到一百天就病死了。

第四章 ● ——————————————— **军事革新**

## 第一节　中国古代军事学校

　　十六国时期，前秦皇帝苻坚（公元333—385年）举兵先后灭前燕、破前凉、平代国，统一了北方大部分地区，并夺取东晋的益州。为了训练军中将士，以进一步夺取天下，于东晋孝武帝太元五年（公元380年）二月在水陆交通要道渭城兴办教武堂，这就是中国早期的军事学校。这所教武堂专门训练身经百战的战将。教官都是晓达阴阳、精通孙吴兵法的专家，加上训练"基地"又是水陆交通之处，皇帝苻坚对此充满信心。然而教武堂办起来后，却遭到一些文武大臣的反对，苻坚经不住诱劝，建立后不久便下令解散了。

## 第二节　中国历史上养军

东魏孝静帝天平元年（公元534年）十一月起，北朝东魏政府在军事上实行了优待北徙（由北魏都城洛阳北迁至东魏都城邺城）宿卫之士的政策——发放常廪（经常性的定额军饷或俸禄），春秋赐帛以供衣着。这次军事改革措施开创了中国历史上政府养军之先例。养军的目的就是通过提高都城宿卫军的待遇，加强邺城及京畿地区的卫戍力量。

同年闰十二月，东魏政府又在邺都京畿外围置四位中郎将。北中郎将军治洺水（今河北永年区境），东、西、南中郎将分别镇疆石桥、薄泉、济北。

## 第三节　邺城地道战

《三国志·魏书·武帝纪第一》载东汉建安三年（公元198年）五月，曹操"到安众（县名，故城在今河南镇平县东南），绣与表兵合守险，公（曹操）军前后受敌。公乃夜凿险为地道，悉过辎重，设奇兵。会明，贼谓公为遁也，悉军来追。乃纵奇兵步骑夹攻，大破之"。曹操率兵南征刘表到了安众的时候，张绣与刘表合兵一处据险而守，使曹军前后受敌，曹操处境十分危险。这时曹操忽生奇策，命兵士连夜挖掘地道，将辎重等军用物资偷运过去，同时埋伏奇兵。到了第二天，刘表、张绣的兵士不见曹操的部队，以为他们趁夜逃跑了，于是挥兵来追。当他们进入曹军的埋伏圈时，曹军伏兵四起，前后夹攻，大破追兵，获得全胜。这记载的是曹操发明并利用了地道战，变被动为主动，智破敌军。

曹操第二次运用地道作战是于建安九年（公元204年）正月攻打袁绍占据的战略要地，即冀州牧所在邺城时。《三国志·魏书·武帝纪第一》载："既至，攻邺，为土山、地道。""五月，毁土山、地道，作围堑，决漳水灌城。"这一次攻邺城，曹操不仅运用了地道战，还筑了土山，居高临下，以观察邺城内守备情况。

以后，曹操南征北战、攻城摧坚，多次利用地道作战，出奇制胜、连克强敌，在我国战争史上写下了灿烂的一笔。

曹操不仅在战时将地道战这一克敌制胜新的作战方式直接用于攻城略地上，而且在构建城市时，还把地道作为一种永久性的军事设施来营建。按现在的说法，其实质是一种人防工程。当然，远在一千八百多年前的三国时期，还没有发明飞机、大炮，更谈不上原子弹等核武器了，但地道这些军事设施可以用来转移军队，转运粮草及储藏军用物资等，这在当时可称得上高明之举。曹操在邺城着手修建铜雀、金虎、冰井三台时，就在台下修造了地下运兵道，也称"转军洞"。现在，在邺城金凤台遗址台顶山门的西侧，还保存着一条地下通道，由台址南侧进去，从台址西侧转出，曲折蜿蜒，长达五六十米。人们传说，这就是当年曹操修建的"转军洞"遗址。

在这里还流传着一个"关公点曹兵"的故事。有一次，曹操在铜雀台上检阅部队，请当时归降、尚在他麾下效力的、刘备的结义兄弟关羽前来观兵。关羽在台上阅兵时，只见曹操的马军首尾相接、往来回环、不见头尾，关羽点了半天，怎么也点不清。后来他心生一计，借机走到台前的马队边，趁人不注意，用佩剑削下了一匹白马的一截尾巴，然后再留心观看。过了一阵，那匹掉了一截马尾的白马又转了回来，这才弄明白，原来曹操在铜雀三台下边修了转兵暗道。马队从洞中进去，又从西边转回来，来往循环，首尾相接，令人眼花缭乱，无法点清。这个传说虽然与历史史实不一定吻合，但从一个侧面反映了曹操确实善于利用地道运兵和作战，不愧为一个军事家。

2001年夏，中国社会科学院考古研究所和河北省文物研究所在邺城遗址考古发掘中，在邺北城的南城墙下，发现了一条地下秘密通道。这条地下通道在今漳河河床北缘，呈南北走向，长三十五米、高四米，北高南低，落差五米。通道为青砖起券，底部为生土硬面。南端有门，遗留有门砧。门后壁上东西各凹进墙内十五厘米，发现有门闩遗迹。门槛下有砖垒南北向用于排水的小暗沟，向南延伸至门外三米处有排水槽。通道内出土的文物有"大赵万岁""富贵万岁"字样的云纹莲花瓦当、人面纹瓦件、各种板瓦及带铭文的石材等。鉴于此处秘密通道与城墙、城内环城路、城壕连为一体，有关专家推测，秘密通道可能为军事设施。根据出土文物和地层分析，秘密通道的修建年代可能为曹魏时期。照此分析推测，我们可以认为，这条地下秘密通道可能就是当年曹操在邺城修建的另一条地下秘密运兵道。

除当年曹操在他的大本营修建了一些地下秘密通道外，他还在老家谯县（今安徽亳州），也修建了几条地下运兵道。现在这些地下运兵道保存较好，游人还可以进去转上一段。这些通道高度约一米七八，全部是用青砖砌就的拱券形，两旁还凿有一些用以藏兵或休息的洞室，合部还建有其他一些军事设施等。

曹操不仅发明和较好地运用了地道作战、运兵及转运军事物资，他还将这一独特的作战方式传授给了儿子们。他的儿子们在作战时也运用地道作战并取得了较好的效果。

文化与遗产篇

## 第五章 ——————————— 建安文学

### 第一节　邺城是建安文学的发祥地

东汉末期，涌现了一大批文学家，如曹操、曹丕、曹植、王粲、刘桢、徐干、蔡琰、邯郸淳等，他们用自己的笔直抒胸臆，抒发渴望建功立业的雄心壮志，掀起了我国诗歌史上文人创作的一个高潮。由于其时正是汉献帝建安年代，故被后世称为"建安文学"。

曹操组建青州兵，挟持汉献帝，统一北方后，社会有了比较安定的环境。曹操父子皆有高度的文学修养，由于他们的提倡，一度衰微的文学有了新的生机。在当时建都的邺城铜雀台，聚集了一大批文人，文学士人在积极进取、建功立业的同时，"傲雅觞豆之前，雍容衽席之上。洒笔以成酣歌，和墨以藉谈笑"，创作出许许多多表现时代精神、反映时代生活、展现时代风貌的文学作品，使得建安时期成为我国历史上一个真正意义上的文学繁荣时期，诗、赋、文创作都有了新的突破。

建安文学尤其是诗歌，吸收了汉乐府民歌之长，情词并茂，具有慷慨悲凉的艺术风格，比较真实地反映了汉末的社会现实及文人们的思想情操。建安时期重要的作家有"三曹"、"七子"和女诗人蔡琰。"三曹"指曹操、曹丕、曹植；"七子"之称见于曹丕的《典论·论文》，指孔融、陈琳、王粲、徐干、阮瑀、应玚、刘桢（其中成就最高的是王粲）。曹操是建安文学的主将和开创者，今存其乐府诗二十余首，代表作《蒿里行》描写了军阀混战时期的惨景，《短歌行》更是脍炙人口的名篇。曹丕是曹操的次子，其诗歌委婉悱恻，多以爱情、伤感为题材，两首《燕歌行》是现存最早的七言诗，其所著《典论·论文》，是中国文学批评史上的重要著作。曹植是这一时期最负盛名的作家，流传下来的诗赋文章共有一百多篇，如描绘人民痛苦生活的《泰山梁甫行》，描写爱情的《美女篇》《洛神赋》等，曹植写《七步诗》的原委，更流传为尽人皆知的佳话。李白有"蓬莱文章建安骨"之句，可知建安文学对后世的深远影响。

建安文学之所以兴盛，与其时代背景有很密切的关系。东汉末期州牧割据，战祸延绵，百姓妻离子散，四处逃亡，或死于乱军之中，或死于饥荒疠疫。建安文人生活于这个巨变的年代，目击种种社会的惨状，极有切身的感受。故当时的文学作品，多有反映现实的主题，描写战乱、人民疾苦和渴望国家统一的作品大量产生。可见时代环境的刺激对建安文学的兴盛是有重大影响的。

儒学的衰微亦助长建安文学的兴盛。自西汉武帝独尊儒术以来，儒学一直在思想上占据着统治的地位。儒学传统的文学观点乃是原道宗经，文学一直只是经学的附庸，窒碍了文学的自由发展。东汉倾颓，传统的儒学已失去了统治地位和支配思想的力量，故此文学开始摆脱经学的束缚。很多作家都具有反传统的思想，尤以曹操、曹植父子最为明显。他们不再将文学视为阐发经义的工具，而是用来反映现实生活和抒发自己的思想感情，他们使文学的道路更为开阔。

另外，文学批评的盛行和发展也带动了建安文学的兴盛。正由于社会纷乱，儒学式微，建安文人对文学的价值和作用，有更深刻的反思，对各种文体的特点、文章的风格与作者的关系等也有更深入的研究，文人亦经常相互探讨批评，曹丕的《典论·论文》正是当时最举足轻重的一篇文学批评之作，可知建安文学的发展与文学批评不无关系。

当时领袖的提倡，也使建安文学更为兴盛。曹操父子不单是当时的文坛领袖，更是政治的领袖人物，"奉天子以令不臣"。他们爱好文学，广招人才，曹操下令"唯才是举"，促成了一群有水准的文人共同创作，"建安七子"即一例。曹氏父子招才之余，自己亦有优秀的文学作品，加以其政治地位，对建安文学的发展起了推动作用。他们喜好文学，对文士自然礼遇有加，不同于过去的统治者将之视作"俳优",相反却是一同从事创作,讨论文章,相处如宾如友。是以文学风气变得活跃,建安文学兴盛,与统治者的态度有莫大关系。

最后,建安文学的兴盛,实际也是文学发展的规律。两汉文学为建安之兴起了准备作用,汉代诗、赋等,皆启发了建安的作家们。例如建安文学的现实精神,就是师承于汉代乐府诗"感于哀乐,缘事而发"的传统,"三祖陈王",以至"建安七子",常以乐府旧体名篇反映现实。《古诗十九首》等亦为建安抒情诗提供了借鉴。

无论是从文化的进化还是从演变的角度来看,建安时期的文化裂变,都是一件值得我们给予充分赞扬和肯定的事情。正是有了建安时期的文化裂变,才使得各种文化思想能够纷纷登场及流行。

## 第二节 曹丕与邺城

东汉建安二十二年(公元217年),魏王曹操的太子曹丕(公元187—226年)在邺城所撰的《典论》基本成稿,其中《典论·论文》是我国历史上早期的文学批评专著。

曹丕(图5-1)曾在邺城生活很长时间,他在长期的文学创作中逐渐形成了独到的文学价值观和创作认识论。针对当时"建

图5-1　魏文帝曹丕

安七子"中出现的"文人相轻""贵远贱近，向声背实"的文学批评陋习和两汉时期形成的消极文学价值观点，曹丕在文学创作之外，写就了《典论·论文》这部文学批评专著，为我国文学理论的发展做出了开创性贡献。

《典论》共五卷、二十篇，原书约在宋代亡佚，唯存《论文》一篇。《论文》近六百字，因被收入南朝梁代萧统的《文选》中幸而较完整地保存下来。文章主要是通过评论"建安七子"的作品来发表自己的文学看法，主要从文学价值、文学风格、文学批评、文学体裁四个方面进行分析评论。

曹丕在《典论·论文》中首先提到了文学作品的政治作用和社会价值，把文章提高到"经国之大业，不朽之盛事"的地位。他分析了诗赋、奏书、铭诔等文体各自的特点，指出"诗赋欲丽"，这就要求诗赋作品要状物抒情，防止"质木无文"。曹丕还认为："文以气为主，气之清浊有体，不可强而致。"作家创作各有个性和风格，不可强求一律。此外，他还对建安诸子做出评价，指明他们的长处和短处，开了当时文艺批评之风。这对提高作家的地位、扫除文人相轻的恶劣风气、促进文学创作的自由发展，都有着积极的作用。

总之，《典论·论文》开创了文学批评的风气，在我国文学史上产生了重大影响。其关于文体特征与作家性格的论点被后世继承和发展，成为历代文学批评家们所关注的问题。

同样著名的还有曹丕的《燕歌行》，其是中国文学史上早期完整的七言诗，在我国诗歌发展史上具有十分重要的地位。

公元220年，曹丕代汉称帝，即魏文帝。曹丕继承了其父曹操的事业，在经营国家、发展中原地区的生产方面，起了一定的进步作用；但他维护豪族利益，建立了所谓"九品中正法"，为自此以后四五百年间腐朽反动的士族门阀制度开了头，这在历史上的作用是负面的。

曹丕喜爱文学，也是建安时期文学方面的积极创作者和热心提倡者。曹丕的诗文风格悲婉凄清、低回纤弱。《文心雕龙》曾说"魏文之才，洋洋清绮"，沈德潜曾说"子桓诗有文士气"。总体说来，曹丕作品的思想内容和艺术成就不如其父与其弟。

《燕歌行》属乐府《相和歌·平调曲》，与《齐讴行》《吴趋行》相类，都是反映各自地区的生活，具有各自地区音乐特点的曲调。西汉以来，今北京一带地区（古燕地）是汉族与北方民族接界之地，时常发生战争，所以当时和后来有些反映战争和徭役的作品常以燕地为背景。在这两首诗里，作者以一个役夫妻子的口气，抒发了对远方丈夫的怀念，表现了对当时无休止的战争徭役破坏人民幸福的无限哀怨，风格清丽婉转。

建安之前的七言诗，句中常带个"兮"字，说明它还带有楚调的痕迹，严格说来不能算作七言诗。到曹丕作《燕歌行》，七言诗才完全摆脱楚调而独立成形。世称《燕歌行》为我国一首完整的七言诗。

## 燕歌行·其一

秋风萧瑟天气凉，

草木摇落露为霜。

群燕辞归鹄南翔，

念君客游多思肠。

慊慊思归恋故乡，

君何淹留寄它方。

贱妾茕茕守空房，

忧来思君不敢忘，

不觉泪下沾衣裳。

援瑟鸣弦发清商，

短歌微吟不能长。

明月皎皎照我床，

星汉西流夜未央。

牵牛织女遥相望，

尔独何辜限河梁。

## 燕歌行·其二

别日何易会日难，

山川悠远路漫漫。

郁陶思君未敢言，

寄声浮云往不还。

涕零雨面毁容颜，

谁能怀忧独不叹。

耿耿伏枕不能眠，

披衣出户步东西。

展诗清歌聊自宽，

乐往哀来摧心肝。

悲风清厉秋气寒，

罗帐徐动经秦轩。

仰戴星月观云间，

飞鸟晨鸣，声气可怜，

留连顾怀不自存。

——《宋书·志·乐》

## 第三节　曹植与邺城

五言诗在建安之前已有，但一般都是矢口直陈，遣词构思没有什么奇特之处。建安时期创作的五言诗，则在用字、造句、立意、音节等方面都着意工巧，使五言诗达到了完全成熟的程度，登上了古诗的高峰。其中，曹植的五言诗堪称代表。

曹植（公元192—233年）（图5-2），字子建，曹操第三子，封陈思王。曹植自幼聪慧，十岁即能诵读诗、文、辞赋数十万

图5-2 曹植

言，出言为论、下笔成章。当年，曹操在邺城建成铜雀台，命邺下文士咏赞三台。曹植对邺城情有独钟，才思敏捷，立援而就。他第一个脱口咏出《登台赋》："从明后之嬉游兮，聊登台以娱情。见天府之广开兮，观圣德之所营。建高殿之嵯峨兮，浮双清乎太清。立冲天华观兮，连飞阁乎西城。临漳川之长流兮，望众果之滋荣……"东晋诗人谢灵运称赞他"才高八斗"。曹操病逝，曹丕继魏王位，而后称帝。曹丕称帝后几次想借机杀掉曹植，但由于其母后卞氏的呵护、干预，曹丕的阴谋没有得逞，但此后曹植被迫离开邺都且屡遭贬爵削邑、屡换封地。在曹丕、曹叡执政的十二年中，曹植曾被迁封六次，最后忧郁而死，卒年仅四十一岁。

曹植的五言诗不仅具有浓厚的个性特点，而且把抒情和叙事有机地结合起来，既能描写复杂的事态变化，又能表达曲折的心理感受。他的五言诗既有《诗经》哀而不伤的庄雅，又蕴含着《楚辞》窈窕深邃的奇谲，同时继承了汉乐府反映现实的笔力，并保留了《楚辞》的浪漫主义风格。这些特点使得曹植的五言诗在文学史上占有重要地位，他的诗歌和《古诗十九首》一样，是乐府古诗文人化的显著标志。可以说，曹植对五言诗的贡献主要有三点：一是丰富了五言诗的艺术功能。发展汉乐府古辞的叙事成分，使五言诗在艺术功能上更加丰富。二是实现了五言诗从叙事到抒情的转变。曹植通过自己的创作，使抒情成分在五言诗中占据了重要地位。三是融合了多种文学风格。曹植的五言诗既继承了《诗经》和《楚辞》的传统风格，又吸收了汉乐府的现实主义成分，形成了自己独特的文学风格。

曹植在皇兄曹丕、皇侄曹叡为帝期间，可谓徒有一腔建功立业的志愿，空有一身治国安邦的本领，却没有施展其抱负和才华的机遇，屡受打击和折磨。被誉为"才高八斗"的他，政治上不能有所作为，不得不另寻一片属于自己的天地——移情专注于佛学研究。在修悟佛经中，曹植发现西方佛教偈语原来都是唱文，若用梵语唱则音韵流畅、悦耳动听，但是翻译成汉语则无法配合原来的乐调，晦涩难听，因为"梵音重复，汉语单奇。若用梵音以咏汉语，则声繁而偈促，若用汉曲以咏梵文，则韵短而辞长"。为了解决这一矛盾，一些佛学大德、文人雅士做了各种有益的尝试，但均告失败。曹植曾据《庄子·至乐》作《髑髅说》，与佛教小乘的悲观厌世情绪极为接近。僧史称他读佛经"能转读七声升降曲折之响"，为后人诵经所宪章。曹植后在鱼山创作了用汉字歌唱的佛教梵呗。由于其在鱼山创作而成，故称"鱼山梵呗"。

为了给鱼山梵呗披上神秘的佛教色彩，后人编出了曹植在鱼山得到鱼山之神口传天籁之音而制作梵呗的传奇故事。其实是曹植在一次游览鱼山时，偶尔听到一阵和尚的读经声、山风的鸣咽声和山泉的叮咚声后，他感到这些声响和谐优美，汇成一曲交响曲，顿时激发灵感创作而成。史载曹植游东阿鱼山，"忽闻岩岫里有诵经声，清道深亮，远谷流响，肃然有灵气。不觉敛襟袛敬，便有终焉之志，即效而则之。今之梵唱，皆植依拟所造，世称鱼山梵呗"。唐代释道世撰《法苑珠林》卷三十六载："植每读佛经，辄流连嗟玩，以为至道之宗极也。遂制转赞七声，升降曲折之响，世人讽诵，咸宪章焉，尝游鱼山，忽闻空中梵天之响，清雅哀婉，其生动心，独听良久，而侍御皆闻，植深感神理，弥悟法应，乃摹其声节，写为梵呗，撰文制音，传为后式，梵声显世始于此焉。"释慧皎的《高僧传·十三经诗论》中亦记载此事。

从上述资料可知，曹植把音乐旋律与偈诗音韵和汉字发音的高低相配合，使得佛经在唱诵时优美和谐、相得益彰，"贵在声文两得"。采取以梵语发音为基础与新制偈颂相结合的方法，解决了用梵音咏汉语"偈迫音繁"，以汉曲讽梵文偈颂"韵短而辞长"的问题。有了曹植的经验，历代僧人便开始尝试着进一步用中国民间乐曲改编佛曲或另创新曲，使古印度的梵呗音乐逐步与中国传统文化相结合，梵呗从此走上了繁荣发展的道路。

史学家普遍认为曹植是中国梵呗的创始人。

## 第四节　蔡琰与邺城

蔡琰（图5-3），字文姬（又说字昭姬），生卒年不详。东汉陈留郡圉县人，东汉大文学家蔡邕的女儿。她同时擅长文学、音

图5-3　蔡琰

乐、书法。《隋书·经籍志》著录有《蔡文姬集》一卷，但已经失传。现在能看到的只有《悲愤诗》二首和《胡笳十八拍》。初嫁于卫仲道，后因丈夫去世而回到自己家里。

东汉兴平二年（公元195年），中原先后有董卓、李傕等作乱关中，匈奴趁机劫掠，蔡琰被匈奴左贤王掳走。蔡琰在北方生活了十二年之久，并生下两个儿子。

曹操向来喜爱文学、书法，常与蔡琰的父亲蔡邕有文学、书法上的交流。曹操见蔡邕没有子嗣，便于建安十一年（公元206年），用金璧从匈奴那里将蔡琰赎回来，并将蔡琰嫁给董祀。

而后董祀犯了死罪，蔡琰去找曹操给董祀求情。当时曹操正在宴请公卿名士，对满堂宾客说："蔡邕的女儿在外面，今天让大家见一见。"蔡琰披散着头发、光着脚，叩头请罪，说话条理清晰，情感酸楚哀痛，满堂宾客都为之动容。但曹操却说："可是降罪的文书已经发出去了，怎么办？"蔡琰说："你马厩里的好马成千上万，勇猛的士卒不可胜数，还吝惜一匹快马来拯救一条垂死的生命吗？"曹操终于被蔡琰感动，赦免了董祀。

蔡琰回家后伤感悲愤之余作《悲愤诗》二首，一首为五言体，一首为骚体。其中五言的那首侧重于"感伤乱离"，是一首以情纬事的叙事诗，也是中国诗歌史上一首文人创作的自传体长篇叙事诗。清代诗论家张玉谷曾作诗称赞蔡琰的五言诗："文姬才欲压文君，《悲愤》长篇洵大文。老杜固宗曹七步，瓣香可也及钗裙。"大意是说蔡琰的才华压倒了汉代才女卓文君，曹植和杜甫的五言叙事诗也是受到了蔡琰的影响。

骚体《悲愤诗》由于旨在抒情，首、尾两节对被俘入胡和别子归汉的经历都比较简略，中间大篇幅自然风景用以渲染蔡琰离乡背井的悲痛心情。

《胡笳十八拍》是中国古乐府琴曲歌辞，长达一千二百九十七字，是一首由十八首歌曲组合的声乐套曲。原载于宋郭茂倩《乐府诗集》卷五十九及朱熹《楚辞后语》卷三，两本文字小有出入。

明朝人陆时雍在《诗镜总论》中说："东京风格颓下，蔡文姬才气英英。读《胡笳吟》（指胡笳十八拍），可令惊蓬坐振，沙砾自飞，真是激烈人怀抱。"范晔评其："端操有踪，幽闲有容。区明风烈，昭我管彤。"陈陶评其："气调桓伊笛，才华蔡琰琴。"徐钧评其："此生已分老沙尘，谁把黄金赎得身。十八拍笳休愤切，须知薄命是佳人。"郝经评其："文姬之才辩，不幸而失身绝域。然能传父之业，免夫之死，有足称者，君子责备以为失节过矣。""婉娈淑女，与士并列。至柔动刚，彤管炜节。"罗见麟评其："寥落中郎后，残生窜殪馀。惊看南过雁，羞逐北旋车。莫按胡奴伯，犹传魏主书。身名终莫赎，千载恨单于。"屈大均评其："缇萦能代父，蔡琰不宜家。玉石同焚后，芳声振海涯。"

蔡邕是一位大书法家，创造了八分字体。蔡琰对书法也很擅长，韩愈曾说："中郎（蔡邕）有女能传业。"史传蔡琰曾在曹操的要求下默写散佚的古籍，说自己"真书草书，皆可具之"。

"文姬归汉"是以曹操赎回蔡琰为故事背景改编的艺术故事，京剧及其他戏曲都有《文姬归汉》的曲目，历朝历代都有"文姬归汉图"画作产生。

国际天文学联合会于1979年正式颁布了三百一十座水星环形山的专有名称，其命名均借用了世界历代著名文学艺术家的名字。中国有十五位杰出文学艺术家的名字登上了水星环形山，"蔡琰环形山"就是其中之一。

## 第五节　"建安七子"与邺城

文学史上的建安时期是从黄巾起义到魏明帝景初末年，大约五十年时间。在东汉末群雄并峙、逐鹿中原的争夺兼并中，曹操完成了统一北方的大业，并吸引了大批文士，形成了以曹氏父子为核心的邺下文人集团。建安诗歌便是社会由分裂动荡趋向统一这一历史时期的产物。"世积乱离，风衰俗怨"的时代特征，建安文人开阔博大的胸襟、追求理想的远大抱负、积极通脱的人生态度，直抒胸臆、质朴刚健的抒情风格，形成了建安诗歌特有的梗概多气、慷慨悲凉的风貌，为中国诗歌开创了新局面，并确立了"建安风骨"这一诗歌美学风范。

建安时期是文学的自觉时期，建安文学中反映的人除社会角色义务之外还有个人情趣、爱好，除公共的社会生活之外还有私人的日常生活。建安文学是充分展示个体生命的文学，也充分展示了伟大的生命精神。

东汉王朝恢复，曹操便制定了"外定武功，内兴文学"的治国方针。在逐个消灭割据势力、消除战乱、实施一系列富国强兵措施的同时，曹操身体力行，积极领导发展文学事业，"御军三十年，手不舍书，昼则讲武策，夜则思经传，登高必赋，及造新诗，被之管弦，皆成乐章"。他的儿子曹丕、曹植及追随他们的"建安七子"——孔融（唯其与曹操政见不一）、陈琳、徐干、王粲、阮瑀、应场、刘桢及一二十位文人学士，亦仿照曹操积极努力创作。无论是曹氏父子还是"建安七子"，普遍采用五言形式，以风骨遒劲而著称，并具有慷慨悲凉的雄健之气，他们都长期生活在河洛大地，这种骏爽刚健的风格是同河洛文化密切相关的。建安时期，无论是诗歌、辞赋、文章等，都取得了极大的进步，尤其是诗歌，形成了中国文学史上一次文人诗的创作高潮，使汉乐府诗完全成熟、五言诗体得以发展、七言诗体从此开创。曹操率先冲破了儒学的禁锢，打破了当时盛行的骈体文格式，采用通脱的文体作文章，追随他的文人学士亦积极响应。在北方，不仅出现了一个文学繁荣的局面，而且使一代文风得以转变。

曹操为诸子设置的官署中专门有"五官中郎将文学"一职，于是曹丕、曹植大都以这一名义将"建安七子"等众多文人网罗门下，形成集团，由此称"邺下文人集团"。虽然这不是专为文学创作而成立的组织，但却是文学家的核心，为组织文学活动提供了有利条件。其活动方式主要有游铜雀台欢宴时的赋诗，如"建安七子"中大量的公宴诗；命题创作，始自铜雀台新成时曹操悉将诸子登台，使各为赋，后成为习惯；同一题目大家同时作，如《柳赋》即曹丕、王粲等同时所作；文学家之间赠答、品评之作，如大量的赠诗及曹丕的《与吴质书》《典论》《与杨德祖书》等中国文学评论集等。这种组织起来的文学活动极大地促进了当时的文学繁荣，并为后世的文学活动提供了范例。

但"邺下文人集团"随着曹操的去世、曹植的被逐及一场莫名其妙流行于邺城的瘟疫而风流云散，死者大部分葬于邺城铜雀台西二十里的曹操墓周围。四百年后，唐代诗人温庭筠拜谒陈琳墓时写了一首极有感情的诗作："曾于青史见遗文，今日飘蓬过此坟。词客有灵应识我，霸才无主始怜君。石麟埋没藏春草，铜雀荒凉对暮云。莫怪临风倍惆怅，欲将书剑学从军。"

曹操，今存诗二十余首，其诗歌不仅抒发自身的抱负和统一天下的雄心大志，还真实反映了汉末动乱的社会现实和百姓的苦难。如《蒿里行》记录了汉末董卓之乱最黑暗混乱的一段历史，描绘了军阀争权夺势造成的悲惨现实："铠甲生虮虱，万姓以死亡。白骨露于野，千里无鸡鸣。生民百遗一，念之断人肠。"而曹操最出名的一首诗是《步出夏门行·观沧海》，写得情文并茂，极有气势：

东临碣石，以观沧海。

水何澹澹，山岛竦峙。

树木丛生，百草丰茂。

秋风萧瑟，洪波涌起。

日月之行，若出其中；

星汉灿烂，若出其里。

幸甚至哉，歌以咏志。

《步出夏门行》，又名《陇西行》，属古乐府《相如歌·瑟调曲》。"夏门"原是洛阳北面西头的城门，汉代称"夏门"，魏晋称"大夏门"。古辞仅存"市朝人易，千岁墓平"二句（见《文选》李善注）。《乐府诗集》另录古辞"邪径过空庐"一篇，写升仙得道之事。曹操此篇，《宋书·乐志》归入《大曲》，题作《碣石步出夏门行》。从诗的内容看，与题意了无关系，可见，只是借古题写时事罢了。诗开头有"艳"辞（序曲），下分《观沧海》《冬十月》《土不同》《龟虽寿》。

东汉末年，正当军阀逐鹿中原之时，居住在辽西一带的乌桓强盛起来，他们南下攻城略地，成为河北一带的严重边患。建安十年（公元205年），曹操摧毁了袁绍在河北的统治根基，袁绍呕血而死，其子袁谭、袁尚逃到乌桓，勾结乌桓贵族多次入塞为害。当时，曹操处于南北夹击的不利境地——南有盘踞荆襄的刘表、刘备；北有袁氏兄弟和乌桓。为了摆脱被动局面，曹操采用谋士郭嘉的意见，于建安十二年（公元207年）夏率师北征，五月至无终，秋七月遇大水，傍海大道不通；后接受田畴建议，断然改道，经徐无山，出庐龙塞，直指柳城，一战告捷。九月，胜利回师，途经碣石等地，借乐府《步出夏门行》旧题，写了这一有名的组诗。诗中描写了河朔一带的风土景物，抒发了个人的雄心壮志，反映了曹操踌躇满志、叱咤风云的英雄气概。

曹丕现存诗约四十首，形式多样，四言、五言、六言、七言、杂言无所不备，多为对人生感慨的抒发和人生哲理的思考。题材上除一部分写游赏之乐的宴游诗外，以表现游子行役思亲怀乡、征人思妇相思离别居多。

曹植现存诗八九十首，现存诗中有三分之二是五言诗。创作以建安二十五年（公元220年）为界，分为前后两期。前期作品多吐露自己的志趣、抱负和对于建功立业的热烈向往，如《白马篇》。后期由于生活遭遇的折磨，诗歌反映的现实深度和广度都比以前有所加强，较多地反映了封建统治集团内部的矛盾斗争，抒写了自己遭受压抑、打击，有志不得伸的悲愤情绪，如《赠白马王彪》。曹植的诗歌文采气骨兼备，取得了很高的成就。他对诗歌的题材和内容进行了多方面开拓，艺术上注重声色的描绘和技巧的琢磨，富于创造，大大丰富了诗歌的艺术表现力。钟嵘在《诗品》中评价其诗曰："骨气奇高，词采华茂，情兼雅怨，体被文质。"

孔融（公元153—208年），字文举，其家学渊源，他是孔子的二十世孙，鲁国曲阜人，后来为曹操所用。他年少时曾让大梨给兄弟，自己取小梨，因此名垂千古，也就是"孔融让梨"的故事。灵帝时，辟司徒杨赐府。中平二年（公元185年），举高第，为侍御史，与中丞不合，托病辞归。后辟司空府为僚属，拜北军中候，迁虎贲中郎将。献帝初平元年（公元190年），因忤董卓，转为议郎，出至黄巾军最盛的青州北海郡为相。兴平二年（公元195年），刘备表荐他领青州刺史。建安元年（公元196年），袁绍之子袁谭攻青州，孔融只身出奔，妻子被俘。曹操迁献帝都许县，征孔融为将作大匠，迁少府。因不满曹操雄诈，多所乖忤，被奏免官。后复拜太中大夫，退居闲职，好士待客，座上客满，奖掖推荐，声望甚高。终为曹操所忌，枉状构罪，下狱弃市。孔融为"建安七子"之首，文才甚丰，现存作品只有散文和诗。散文如《荐祢衡表》《与曹公论盛孝章书》，辞藻华丽，骈俪气息较多；《与曹操论禁酒书》则有诙谐意味。其《杂诗》第二首，以白描手法写丧子之痛，哀婉动人。

陈琳（？—公元217年），字孔璋，广陵射阳（今江苏淮安楚州区东南）人，在"建安七子"中比较年长，约与孔融相当。汉灵帝末年，任大将军何进主簿。何进为诛宦官而召四方边将入京城洛阳，陈琳曾谏阻，但何进不纳，终于事败被杀。董卓肆恶洛阳，陈琳避难至冀州，入袁绍幕。袁绍使之典文章，军中文书，多出其手。著名的是《为袁绍檄豫州文》，文中历数曹操的罪状，诋斥及其父祖，极富煽动力。建安五年（公元200年），官渡一战，袁绍大败，陈琳为曹军俘获。曹操爱其才而不咎，署为司空军师祭酒，使与阮瑀同管记室。后又徙为丞相门下督。建安二十二年（公元217年），与刘桢、应玚、徐干等同染疫疾而亡。擅长章奏书记。《饮马长城窟行》为他的诗歌代表作，假借秦代筑长城故事，揭露当时繁重的徭役给民间带来的苦难。

徐干（公元171—217年），字伟长，北海（今山东潍坊）人，"建安七子"之一。少年勤学，潜心典籍。汉灵帝末，世族子弟结党权门，竞相追逐荣名，徐干闭门自守，穷处陋巷，不随流俗。建安初，曹操召授司空军师祭酒掾属，又转五官将文学。数年后，因病辞职，曹操特加旌命表彰。后又授以上艾长，也因病不就。建安二十二年（公元217年）二月，瘟疫流行，亦染疾而亡。主要著作是《中论》，曹丕称赞此书"成一家之言，辞义典雅，足传于后"。其情诗《室思》也写得一往情深。

王粲（公元177—217年），字仲宣，山阳高平（今山东邹城）人，"建安七子"之一。王粲幼时往见左中郎将蔡邕，蔡邕见而奇之，倒屣以相迎。王粲强记默识，善算术行文。一次与友人共行，读道边石碑，观一遍而背诵之，不失一字。又曾观人下围棋，其局乱，王粲复为重置，不误一道。后到荆州依附刘表，刘表以其为上宾。刘表死后，王粲劝刘表次子刘琮，令归降于曹操。曹操至荆州，王粲赐爵关内侯。魏国始建宗庙，王粲与和洽、卫觊、杜袭同拜侍中，共议尊曹操为"魏王"；后因中书令荀攸谏止不行而后忧死，其议遂罢。在"建安七子"中属他的成就最高。他的《七哀诗》(三首)和《登楼赋》最能代表建安文学的精神。《七哀诗》之一《西京乱无象》写他由长安避乱荆州时途中所见饥妇弃子场面,深刻揭示了汉末军阀混战造成的惨象及人民深重灾难。《登楼赋》是荆州时登麦城城头所作,主要抒发思乡之情和怀才不遇的愁恨。

阮瑀(?—公元212年),字元瑜,陈留尉氏(今河南开封)人。名作有《为曹公作书与孙权》。年轻时曾受学于蔡邕,蔡邕称他为"奇才"。所作章表书记很出色,当时军国书檄文字,多为阮瑀与陈琳所拟。后徙为丞相仓曹掾属。诗歌语言朴素,往往能反映出一般的社会问题。诗有《驾出北郭门行》,描写孤儿受后母虐待的苦难遭遇,比较生动形象。阮瑀的音乐修养颇高,他的儿子阮籍、孙子阮咸皆是当时名人,位列"竹林七贤",妙于音律。明人辑有《阮元瑜集》。

应玚(?—公元217年),字德琏,东汉汝南南顿(今河南项城南顿)人,擅长作赋,代表性诗作《侍五官中郎将建章台集诗》。初被魏王曹操任命为丞相掾属,后转为平原侯庶子。曹丕任五官中郎将时,应玚为将军府文学(掌校典籍、侍奉文章),著文赋数十篇。诗歌亦见长。

刘桢(?—公元217年),字公干,东平(今山东东平)人,以文学见贵。建安中,刘桢被曹操召为丞相掾属。与曹丕兄弟颇相亲爱。后因在曹丕席上平视丕妻甄氏,以不敬之罪服劳役,后又免罪署为小吏。他的文学成就,主要表现于诗歌,特别是五言诗创作方面。刘桢今存诗二十余首，分为赠答诗和游乐诗两类。赠答诗中著名的是《赠从弟》三首，分别用苹藻、松树、凤凰比喻坚贞高洁的性格，既是对从弟的赞美，也是诗人的自我写照。其中第二首写松树在风霜冰雪摧残下仍然"端正"挺拔的英姿本性，豪迈俊逸。

"建安七子"的生活，基本上可分为前后两个时期。前期他们在汉末的社会大战乱中，尽管社会地位和生活经历都有所不同，但一般都不能逃脱颠沛困顿的命运。后期他们都先后依附于曹操，孔融任过少府、王粲任过侍中这样的高级官职，其余也都是曹氏父子的近臣。不过，孔融后来与曹操发生冲突，被杀。由于七人归附曹操时间先后不同，所以各人的前后期不存在一个统一的界限。孔融在建安元年，徐干、阮瑀在建安初，陈琳在建安五年，王粲在建安十三年，刘桢、应玚在建安十三年后。与他们的生活道路相对应，"建安七子"的创作大体上也可以分为前后两个阶段。前期作品多反映社会动乱的现实，抒发忧国忧民的情怀，主要作品有王粲的《七哀诗》《登楼赋》、陈琳的《饮马长城窟行》、阮瑀的《驾出北郭门行》、刘桢的《赠从弟》等，都具有现实意义和一定的思想深度；但有些作品情调过于低沉感伤，如王粲的《七哀诗》、刘桢的《失题》"天地无期竟"等。后期作品则大多反映他们对曹氏政权的拥护和自己建立功业的抱负，内容多为游宴、赠答等；但有些对曹氏父子的颂扬，带有清客陪臣口吻。无论前、后期，"建安七子"的创作都是积极、健康的内容占着主导地位。

"建安七子"以写五言诗为主。五言诗是直到东汉后期才兴盛起来的新诗体，桓、灵之世"古诗"的出现，标志着五言诗已经初步成熟。如徐干的《室思》就比同一题材的《青青河畔草》或《冉冉孤生竹》写得细腻深厚；而陈琳的《饮马长城窟行》、阮瑀的《驾出北郭门行》等都作于汉末战乱发生之前，其写作时间不一定比"古诗"晚，它们在五言诗发展史上的重要性就更加值得重视。"建安七子"还写了大量的小赋，他们在张衡、蔡邕等已经取得的成就基础上，为小赋的进一步繁荣做出了贡献。对于"建安七子"的赋，曹丕在《典论·论文》中曾给予了相当高的评价，刘勰在《文心雕龙·诠赋》中也表示了同样的意见，还特别认为王粲、徐干二人是曹魏一代的"赋首"，说他们可与宋玉、司马相如、左思、潘岳等并列。

孔融的章表，陈琳、阮瑀的书记，徐干、王粲的论说文，在当时都能独树一帜。它们的共同优点就是曹丕所说的"文以气为主"（《典论·论文》），贯注了作者独特的气质。"建安七子"散文名篇有孔融的《荐祢衡表》《与曹公论盛孝章书》，陈琳的《为袁绍檄豫州文》《为曹洪与魏太子书》，阮瑀的《为曹公作书与孙权》，王粲的《务本论》《荆州文学记官志》等。"建安七子"的散文在形式上有逐步骈化的趋向，尤以孔融、陈琳比较显著。他们的一些作品对偶整饬，又多用典故，成为从汉末到西晋散文骈化过程中的一个不能忽略的环节。

　　"建安七子"著作原集皆已佚，今独存徐干的政治伦理专论《中论》。明代张溥辑有《孔少府集》《王侍中集》《陈记室集》《阮元瑜集》《刘公干集》《应德琏休琏集》，收入《汉魏六朝百三家集》中。清代杨逢辰辑有《建安七子集》。

# 第六章

# 名书著作

## 第一节　天下奇书《鬼谷子》

鬼谷子出生于战国时期的魏国邺地，明朝茅元仪在《武备志·尉缭子》一书中记载："尉缭子，魏人，司马错也。鬼谷高弟，隐夷，因惠王聘，陈兵法二十四篇。"谷子村鬼谷子祠堂清光绪九年（公元1883年）《重修鬼谷先生祠堂碑记》载：鬼谷子出生于盐食村村南的南庵子（今河北省临漳县盐食村）（图6-1）。现在此地已发展为鬼谷子文化产业园（图6-2），成为当今人们旅游观光的胜地。

鬼谷子是军事家孙膑的老师。《尚友记》云："孙膑与庞涓俱学兵法于鬼谷。"正是由于鬼谷子将一部天书传给了孙膑才引起庞涓的忌恨，从而生发出后来一连串动人心魄的故事。

图6-1　盐食村鬼谷子出生的毛草庵

图6-2　鬼谷子展馆

在古老的相命业中，鬼谷子是许多地区的命相家供奉的祖师。以鬼谷子为孙膑之师与命相家奉鬼谷子为相命祖师，无疑是因为传说中的鬼谷子精通天文数术、六韬三略、诸子百家。

鬼谷子的思想博大精深，其思想主要体现在《鬼谷子》一书中。《鬼谷子》一书最早见于《隋书·经籍志》，在其后的史书及文献典籍中也多有记载。《鬼谷子》一书作为纵横家游说经验的总结，融会了鬼谷子毕生学术研究的精华，共二十一篇，一直被中国古代军事家、政治家和外交家所研究，现又成为当代商家的必备之书。其中揭示的智谋权术的各类表现形式，被广泛运用于内政、外交、战争、经贸及公关等领域，其思想深受世人尊敬，享誉海内外。这部产生于两千多年前的谋略学巨著，它的哲学是实用主义的道德论，讲求名利与进取，是一种讲求行动的实践哲学，其方法论是顺应时势、知权善变；它集中了心理揣摩、演说技巧、政治谋略的精华，是中国传统文化中的奇葩。

## 第二节　早期笑话专集《笑林》

笑话，是一种口头语言艺术小品，它短小精悍、讽刺性强、寓意深刻。我国早期的笑话专著是三国时魏国邯郸淳编撰的《笑林》一书。

邯郸淳（约公元132—221年），文学家、书法家，邺下文人集团成员，一名竺，字子叔，颍川（今河南禹州）人，祖籍邯郸。春秋时期，晋国大夫赵盾之弟赵穿食邑于邯郸，其后人即以地名为氏。邯郸淳博学多才，精通文字学，善书虫篆（图6-3），颇为曹操赏识。魏文帝时，任博士给事中，在邺居住了六七年，著述甚丰。所作《投壶赋》千余言，工巧精密，深得曹丕赞赏，并赐帛千匹嘉奖。

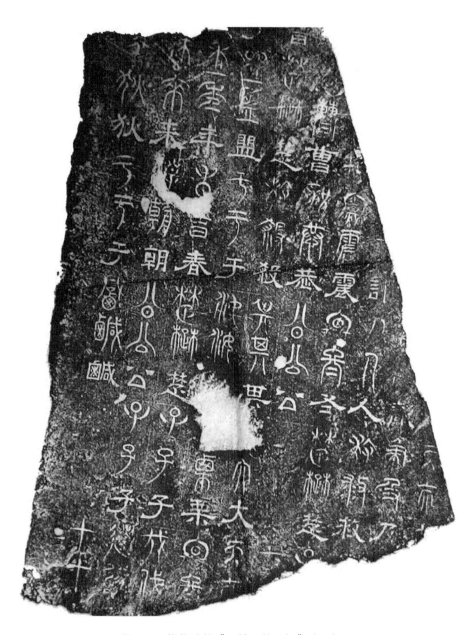

图6-3　邯郸淳的《正始三体石经》残石拓片

《笑林》三卷，所记都是古今俳谐而有趣可笑、嘲讽愚庸的笑话故事，堪称中国诙谐类小说，其中《齐音老》《楚人隐形》《楚人献风》等篇都具有较强的社会意义。邯郸淳文采亦华丽可观，与"建安七子"是一样的体例风格，可惜未入"建安七子"之列。

《笑林》流传时，后人多有增添，《隋书·经籍志》记载此书原有三卷，归于小说家类。两《唐书》著录卷帙与《隋书》相同。到了宋代，此书尚存，但已被增至十卷。宋代吴曾《能改斋漫录》卷七云："秘阁有古《笑林》十卷。"多出的七卷可能为后人附增的。

《笑林》原书早已散佚。现在仅存有清人马国翰《玉函山房辑佚书》的辑本，其中有多则《笑林》书中的内容。近代辑录较为完备的书本，是鲁迅先生的《古小说钩沉》。该书从《太平广记》《太平御览》《艺文类聚》《北堂书钞》等书中，辑入《笑林》原书散佚故事二十余则，并且还补录了马国翰未辑的笑话多条，一共二十九则故事。1981年，上海古籍出版社出版今人王利器的《历代笑话集》，其中收入了这二十九则故事，由此我们可窥《笑林》原貌之一斑。《笑林》作为我国文学瑰宝，对后世人们的文化生活和笑话作品的创作及发展产生了深远的影响。

## 第三节　早期类书《皇览》

类书，是我国古代一种资料性的参考工具书，从多种古籍中汇集辑录成语典故、丽词骈语、诗赋文章、名物制度等，甚至是整部著作，并按照类别或韵部编辑排列成书，以便寻检、征引。类书为我国古代首创，从秦汉时诸子杂家的著作开始便形成了类书的雏形。我国最早的类书是三国时魏国刘劭等编撰的《皇览》（图6-4）。

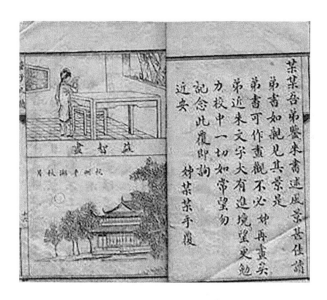

图6-4　中国最早的类书《皇览》

魏文帝黄初元年（公元220年），刘劭、王象等奉魏文帝曹丕的旨意，"集五经群书，以类相从"，经过数年的不懈努力，编成了首部类书。其特点是"直书其事",以辑录经史子集为主,编纂目的是供皇帝阅览有关治乱兴衰、君臣得失的事迹,以为施政的借鉴,故名《皇览》。它开创了中国类书的编纂体例,被誉为"千古类书的权舆"。全书凡六百八十卷,四十余部类,每部有数十篇,凡千余篇,总计八百多万字,辑录有丰富的文献史料,珍藏于秘府。可惜的是,至唐代末年,此书大都散佚无存,后世已无从查考。现只有清代孙冯冀从各书中辑出佚文一卷,收入《问经堂丛书》。

## 第四节　家训著作《颜氏家训》

家训是我国古代一种传统的家庭训导教育读物,内容一般是家长训诫子孙后代如何处世立身的经验之谈。我国历代家训著作很多,《颜氏家训》因其思想独到、内容丰富、影响深远而被后世尊为"家训之祖",自隋朝统一以来,概莫能外,故被历代封建统治者大肆宣扬。它的作者就是北齐黄门侍郎颜之推。

颜之推(公元531—约595年),字介,祖籍山东琅琊之临沂,生于乱世,长于戎马,其家世精《周官》《左氏》学。他早传家业,博览群书,无不该洽;好饮酒,多任纵,不修边幅。年轻时由于时局动荡,生活颠沛流离,二十五岁后辗转来到北齐都城邺,在此生活长达二十一年,后曾官至黄门侍郎之职,但由于当时北齐政权采取排斥、抑制汉族的政策，使颜之推一直得不到重用，难有作为，这对他的处世态度和思想产生了深刻的影响。在此背景下，他每有所感，则及时著录，以戒后昆，后汇集成册，完成了家训七卷二十篇。书中，他站在儒家知识分子的地位上，以讨论文章的形式总结了关于修身、治家、治学、教子、待人等的经验和认识，不仅内容丰富、寓理深刻，而且文字活泼生动、可读性强。其重要性，正如清朝王钺在《读书丛残》中所言："北齐黄门颜之推《家训》二十篇，篇篇药石，言言龟鉴，凡为人子弟者，当家置一册，奉为明训，不独颜氏（而且为佛教徒广泛征引）。"值得一提的是，这部书有许多处记载了邺城的社会习俗、百姓的文化生活及亲里称谓、方言发音等资料，对研究当时的邺城历史及北方地域文化有重要的史料参考价值。

颜之推族人及后世，名人辈出，如官终隋集州刺史的颜之仪（其弟），唐郓州刺史、文学家颜游秦（其子），唐秘书监、文史大家颜师古（其孙），唐大臣、大书法家颜真卿（其五世孙）等。

## 第五节　现存完整韵书《切韵》

中国古代的韵书，是按照声、韵、调的关系将汉字组织起来的，因其着重在划分韵部，故可以说是分韵编排的字典，以供作韵文者检查押韵之用。我国古代韵书兴起于魏晋时期，据文献记载，最早的韵书是三国时期魏国李登的《声类》和西晋吕静的《韵集》。然而据最新考证，我国现存最早的韵书是隋代音韵学家陆法言的《切韵》（图6-5）。

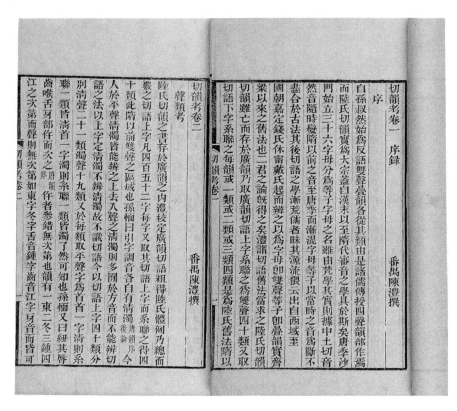

图6-5 《切韵》

陆法言（公元562—约610年），隋音韵学家、语言学家，名词或慈，字法言，以字行，魏郡临漳人，出身书香门第，学识广博、敏学有家风。开皇（公元581—600年）中，官承奉郎，后因父获罪连坐被除名。开皇初年，曾与刘臻、萧该、颜之推、长孙纳言等讨论音韵。他们认为，自魏国李登的《声类》至西晋吕静的《韵集》，韵书过于粗略，定韵缺乏标准，多有讹误。之后，由陆法言执笔，把大家讨论的编制、原则和确定体例记录下来。直到十八年后被罢官居家时，陆法言才根据所定大纲，参考古今字书，并融合各家韵书之长，认真斟酌，正式着手编写，于次年即隋文帝仁寿元年（公元601年）编成《切韵》，共五卷、一百九十三韵。由于这些作者大都是著名士大夫，故此书一出，颇受文人推崇，并为世人所接受，成为权威性著作。另外，该书的问世也导致此后六朝诸家韵书渐亡，此书成为唐宋韵书的蓝本，唐宋还把此书作为科举取士的标准。

今此书原本已散佚。后世为《切韵》增字加注的不少，而其中影响最大的是唐代王仁昫的《刊谬补缺切韵》唐写本。此书只是增加了约六千字的韵字、补充了训释，没有改变《切韵》原书体例，但此书也已佚失。近几十年来，国人陆续发现了唐人写本韵书残卷三种，约为原书的四分之三，也可互相补充研究。另一部重要的订补著作是唐音韵学家孙愐的《唐韵》，其对《切韵》最大的发展是增加了十一个韵部，再加上王仁昫分出的二韵，基本上奠定了后来《广韵》二百零六韵的规模，但此书也早佚失。《唐韵》的部目次序不及后来的《广韵》（我国一部官修的法定韵书。宋代陈彭年、丘雍奉诏修订《切韵》，改名《大宋重修广韵》，简称《广韵》，后世流传最广）整齐，其字数较少，注释仍比较简略。总之，后人据各种版本研究考定《切韵》为一百九十三韵（平声五十四、上声五十一、去声五十六、入声三十二）。依反切的发声分音，收声分韵。它是以当时的读书音即洛阳音为主，兼收魏晋以来的古音及方言音，共录入汉字一万二千一百五十八个。它不仅是我国唐代以前最详尽且准确的一部韵书，也是今天能看到的最为完整的一部古代韵书。

《切韵》在我国韵书史上具有划时代的意义，是前代韵书的继承和总结，可谓此类韵书的定型之作。同时它也是音韵学上所推崇的著作，以至于唐宋时编辑的许多韵书，都是在此书基础上增修而成的。它在我国古代汉语语音史研究上发挥了重要作用，是研究上古语音、现代语音的基础性的重要文献。

第七章 ●━━━━━━━━━━━━━━━━━ **戏曲创新**

## 第一节 古代"参军戏"

参军戏是唐代时流行的一种以滑稽问答为主的戏剧表演形式，源于古代的优，类似今天的化装相声表演。关于它的起源，据《太平御览》引《赵书》记载："石勒参军周延为馆陶令，断（窃）官绢数百（一作万）尺，下狱，以八议宥之。后每大会，使俳优着介帻黄绢单衣。优问：'汝为何官，在我辈中？'曰：'我本为馆陶令。'斗数单衣曰：'政坐取是，故入汝辈中。'以为笑列。"这是说在后赵（公元319年以后）时，馆陶令周延因贪污而被下狱，后赵皇帝石勒为讽刺臣下的贪污行为，每次朝会时，令俳优扮演其事来取乐。因周延原来的官衔为参军，至唐代时就把表演中担任被讽刺戏弄的角色称为"参军"，这种表演形式也被称为"参军戏"。

　　唐时的参军戏，其情节、对白都发生了很大的变化，逐渐由简单趋于复杂，并吸收了歌舞成分。后期的参军戏已有了歌唱，加入了弦管鼓乐伴奏，还出现了女演员。虽然参军戏在唐时仍属于"散乐"的范畴，但它的广泛流行已显示出其向戏剧方向的转化并形成单独分支的倾向。唐代参军戏表演时，由"参军"和"苍鹘"两个角色互相问答，情节简单，以科白为主，即兴作滑稽表演，最后总是以参军说得不对头、苍鹘要打参军收尾。五代、宋时，仍流行这种表演形式。也可以说，这种表演是化装相声艺术的雏形，参军相当于逗哏的，苍鹘相当于捧哏的，不同的是，参军戏是通过人物装扮并按照一定的情节表演的。故有专家称："中国戏曲之有角色行当划分，也始于此。"参军戏的出现不仅在我国戏剧的滑稽戏表演艺术上是一个很大进步，而且对后世某些地方戏曲曲艺的形成产生了重要影响。

## 第二节　古代武舞乐曲《兰陵王入阵曲》

　　我国古代乐舞分为文舞和武舞。我国古代统治者朝会、祭祀和宴乐时所用的乐舞，多手持羽、彩缯而舞，称之为文舞；武舞则多持朱干、玉戚等武器而舞，目的是"发扬蹈厉以示勇"，宣扬武功，提倡武勇精神。中国古代知名的武舞乐曲是北齐时编排的《兰陵王入阵曲》。

兰陵王（公元541—557年）（图7-1），北齐神武皇帝高欢之孙高肃，字长恭，生于邺城，长大成为北齐王朝的一名勇猛战将，因其屡立战功被封为徐州兰陵郡王（郡地位于今山东枣庄东南），故称兰陵王。

兰陵王武功高强，且相貌英俊、清秀，传闻其因与敌人对阵时不能使对方心生畏惧，于是制作了许多狰狞可怕的"假面"（鬼脸面具）戴在脸上，以震慑敌人。北齐武成帝河清三年（公元564年），北齐军在邙山（今河南洛阳北部一带）被北周军围困，危急之时，兰陵王头戴面具，率五百勇士杀入重围，大破北周军于金墉城下。兰陵王凯旋之后，北齐人崇拜其武功勋业至极，遂作此舞，模拟兰陵王戴面具（后世戏曲脸谱的雏形）上阵指挥击刺的姿态，故后来该曲得名为《兰陵王入阵曲》。此曲首先在北齐军中传播，还编成了单人舞。兰陵王死后葬于邺城西北。至今墓碑、坟冢犹存。民间戴鬼脸的习俗也是当地人对兰陵王的一种纪念活动。

到隋时，隋文帝杨坚曾下诏收集前朝舞，于是该曲始成为宫中正式节目，至唐初时还十分盛行。唐代称此乐舞为《大面》（见唐朝崔令钦的《教坊记》）或《代面》。《旧唐书·音乐志》对此记载为："代面出于北齐。北齐兰陵王长恭，才武而面美，常著假面以对敌。尝击周师金墉城下，勇冠三军。齐人壮之，为此舞以效其指挥击刺之容，谓之《兰陵王入阵曲》。"唐朝段安节的《乐府杂录》记载唐代大面戏表演者"衣紫，腰金（束金

图7-1　兰陵王雕像

带，或言带金妆刀），执鞭（鼓槌）也"，可能表示击鼓进军之意。然而到唐朝中期，唐玄宗开元年间"以其非正声"，有碍歌颂唐太宗李世民功绩的《秦王破阵曲》的传播，于是下诏皇宫禁演，将其置于民间散乐之列，归属于歌舞戏中之《大面》，即为唐时软舞曲之《兰陵王》。盖此时《兰陵王》已近戏剧化，故有专家认为，此乐舞是我国音乐史上歌舞戏节目之一。更有人称之为后世戏剧之源。如王国维《宋元戏曲考》语："古之俳优，但以歌舞及戏谑为事。自汉以后，则间演故事，而合歌舞以演一事者，实始于北齐（即指《兰陵王》言）。顾其事至简，与其谓之戏，不若谓之舞之为当也。然后世戏剧之源，实自此始。"大约在唐后期，该曲终在民间失传。传说在公元736年，该曲随遣唐使传入日本，其乐舞曲谱曾保存在唐昭提寺内。奈良王朝时，女皇高野姬酷爱此曲，遂下令将其在日本流传开来。而在我国，此曲失传至今已有约一千三百年，只有教坊曲《兰陵王》作为词牌格流传下来。如宋词中就只保留有三段、二十四拍、一百三十字的词牌《兰陵王》。所幸，在现代中日文化交流过程中，有关人士偶然了解到，这支乐舞仍然在日本的节日庆典活动中演出。清末黄遵宪出使日本，观《兰陵王》诸舞，曾发出"千年之乐，不图海东见之"之叹。1986年8月，《中国黄河文明展》赴日本展出，借此机会，邯郸文物工作者在日方帮助下，终于将失传的《兰陵王入阵曲》的舞音、木制面具照片和大量文字资料带回了祖国。1992年9月，第二届邺城暨南北朝史学会期间，正值中日建交二十周年，日本奈良南都乐所等雅乐团一行六十余人，应邀到磁县新修葺的兰陵王墓前，举行了隆重的供奉演出活动，这份中华民族的珍贵文化遗产《兰陵王入阵曲》，千年之后又回响在华夏子孙儿女的耳畔。

值得一提的是，对于该曲的内容，有专家认为北朝音乐多是马上乐、节奏快，而从日本录回的《兰陵王入阵曲》旋律节奏慢，有点像唐时宫廷燕乐中的小型乐舞（又称软舞），似与北朝风格不大相类。于是有人认为该曲可能是隋唐风格日本化的曲子，并非北齐时作的曲子。看来该问题尚需深入研究，其中，傅芸子（1902年—？）先生的《舞乐〈兰陵王〉考》一文（见1943年12月东京文求堂出版的《白川集》）及邯郸考古专家马忠理先生的《〈兰陵王入阵曲〉疑释》一文（载于《文物春秋》1995年第1期），都有重要的学术价值。

## 第三节　古代俗乐队伍"铜雀妓"

我国古代的音乐有雅、俗之分，雅乐为庙堂之礼乐，庄严肃穆，用制严格，不用女乐。俗乐，则是通俗性的民间大众音乐，因它的歌者、舞者多由伎（妓）女（非现代意义上的妓女）充任，故俗乐又谓女乐、伎（妓）乐，二者自古就结下了不解之缘。至于俗乐表演者，追溯其源，著名的曹魏"铜雀妓"可谓我国古代早期的一支俗乐队伍。

我国古代的俗乐，尤以清商乐为代表，它是魏晋南北朝时期，承袭汉、魏相和诸曲并吸收当时民间音乐发展而成的俗乐总称，三百年盛行不衰；同时它也是女乐，多由歌舞伎传承演出。它的形式、结构略同相和诸曲，其宫调系统亦和诸曲相同，并称"三调"（平调、清调、瑟调）。

曹操盘踞邺城期间，广揽贤才，积极进行文学艺术创作实践，在汉乐府诗歌的基础上，创作了大量的"清商三调诗歌"。如平调曲（以角为主）：《短歌行》《燕歌行》《从军行》《长歌行》《猛虎行》；清调曲（以商为主）：《苦寒行》《塘上行》《秋胡行》《豫章行》；瑟调曲（以宫为主）：《善哉行》《步出夏门行》《折杨柳行》《大墙上蒿行》《棹歌行》等，都是清商歌诗的名篇之作。同时，曹操还设立了清商署的机构专门管理清商乐。曹操在铜雀台宴请宾客，酬唱和诗、饮宴享乐，歌舞伎则是他们作品的歌唱者和舞蹈者。因曹公在《遗令》中谓婕妤妓人曰"汝等时时登铜雀台，望吾西陵墓田"，故后人称其歌舞伎为"铜雀妓"。其表演歌唱的曲辞对我国后世清商乐的发展产生了直接影响。《宋书·志·乐一》记载尚书令王僧虔上表曰："又今之《清商》，实由铜雀，魏氏三祖（武、文、明三帝），风流可怀，京、洛相高，江左弥重。"这就是说，我国南朝盛极一时的清商曲辞，是从曹魏的铜雀妓开始的，所以有学者称"铜雀妓是我国第一支俗乐队伍"（《中国娼妓漫话》，万绳楠著，黄山书社1996年版）。

　　俗乐是民间音乐，它随着时代的发展和人们欣赏情趣的变化而不断改动。歌舞伎作为俗乐的表演者，也在不断自改唱腔、自制新辞，使歌之曲辞不断翻新，以适应社会的需要。在这方面，历代的歌舞伎为我国俗乐的创新和发展所做的贡献是不可磨灭的，而这种创新在曹魏时期就已经开始了。正是因为有铜雀妓这样的歌舞伎的承载和传唱，清商乐才能在后世不断传播，并在我国乐坛和诗坛上产生重大影响。

　　当年，曹操遗命铜雀妓时时登台，望其西陵墓田，其意哀艳悲怜，后人特为之咏，作乐府平调曲——《铜雀妓》（又名《铜雀台》），以抒胸臆。如唐朱光弼的《铜雀妓》："魏王铜雀妓，日暮管弦清。"由此可见，铜雀妓在我国音乐史和文学史上都具有一定的历史地位和影响。

# 第八章

# 邺城与佛教发展

## 第一节　后赵石虎允许汉人加入佛教

汉朝以来，陆续有西域僧人来我国传扬佛教。佛教日益发展壮大，教徒越来越多，其中虽也有少数汉人加入，但绝大多数是外来民族，或是一部分私自加入的僧祇户，因为历任统治者都不允许汉人加入佛教，这是受儒家文化和排外意识影响而形成的。汉族士大夫治国辅政，所以汉人不许入佛的坚冰一直未被打破，这限制了佛教在中国的发展。

后赵在邺城建国后，由于石虎信仰佛教，佛图澄的影响力又大，佛教发展非常迅速。还有一些人认为寺院是躲避战乱的保护伞，是躲避当兵服徭役的防空洞，所以一时间泥沙俱下，僧人良莠不齐，一部分犯过罪的人借加入佛门躲避追捕。所以当时的中书著作郎王度上疏：为王者祭祀天地，供奉门神，自古如此，但据祀典记载，祭祀都有固定的礼仪。佛出自西域，是外国之神，不属于我国人民，不是天子与华夏人应供奉的。过去汉朝明帝感梦，开始传布佛道，当时只让西域人在都邑建立佛寺，以奉其神，汉人皆不得出家。魏承汉制，也遵循旧规。如今大赵受命立国，一律遵照旧章行事。华与戎异制，人神也都不同，祭祀的礼仪差别更大。荒下服礼，不应当错杂不一。国家可以明令赵国人，一律不许到佛寺烧香礼拜，以维护旧有典礼的规定。上自公卿士人下至皂隶平民，一律禁止奉佛。如有犯者，与私立淫祠同罪。赵国人已经出家成为沙门的，要恢复士、农、工、商原来的身份。中书王波也同意王度的意见。

石虎下诏书说：度议云"佛是外国之神，非天子诸华所可宜奉"，朕生自边壤，有幸遇上时运，得以君临诸夏。至于祭奉佛教的礼仪，应当兼顾我们原来的习俗。佛是西域之神，正好是应当信奉的。制度礼仪由上层人颁行，成为永久的规则，只要于事无害，何必拘守前代的规定。赵国各族万姓，有舍其乱杂礼仪而愿意奉佛者，悉听其自由选择。

此诏书一颁发，解除了禁锢汉人加入佛教的桎梏，打破了禁止汉人入僧的坚冰，为佛教在中国各族人民中弘传，赋予了合法化权益，使佛教在赵国空前发展。这是中国历史上最早的国家颁布的允许汉人加入僧籍的皇帝诏令。

## 第二节　为佛教发展投资巨大的朝代北齐

北齐时代，文宣帝佞佛，为表达自己对佛的崇敬，他曾诏说："今以国储分为三分，谓供国自用及以三宝。"他决定每年拿出国家财政资金的三分之一用于佛教发展。再加上贵族高官和豪绅平民的供奉，佛教每年耗资要远远超过文宣帝所说的金额。在佛学史上，如此将财力倾斜于佛教的王朝是独一无二的，表8-1可佐证。

"国师"是我国历代封建帝王对于佛教徒中学德兼备的高僧的称号。一般是被聘请在皇帝身边，为皇帝讲经传佛、参赞军国大事者方能称国师。在我国高僧中获得"国师"称号的，是北齐时的法常。南宋僧人志磐《佛祖统纪》载：齐文宣帝天保元年（公元550年），诏高僧法常入宫讲《涅槃经》，尊为国师；国师的名称以此为始。同时又以沙门法上为昭玄统（僧官），统治天下僧尼，和僧稠禅师亦尊为国师。对此《续高僧传》亦有记载。

《佛祖统纪》还讲述了国师称号的由来："自古人君重沙门之德者，必尊其位，异其称，曰僧录、僧统、法师、国师。入对不称臣，登殿赐高座，如是为得其宜。"因此，后来有些学德兼备的高僧，常被当时帝王尊为国师。"国师"称号始于北齐邺都。

表8-1 西晋至清代历朝佛寺僧尼数据统计表

| 朝代 | | 京都 | | 全国 | | 参考资料 |
|---|---|---|---|---|---|---|
| | | 寺院 | 僧尼 | 寺院 | 僧尼 | |
| 西晋（266—316） | | 两京共120所 | 1000多人 | 180所 | 3700多人 | 《法苑珠林》 |
| 东晋（317—420） | | 皇家寺20多所 | | 1768所 | 24000多人 | 《中国古代寺院生活》 |
| 南朝 | 宋（421—479） | 建康400多所 | | 1913所 | 36000多人 | 《中国古代寺院生活》《江南春》 |
| | 南齐（479—502） | 建康400多所 | | 2015所 | 32000多人 | （同上） |
| | 梁（502—557） | 建康700多所 | | 2800多所 | 83000多人 | 《南史》 |
| | 陈（557—588） | 建康500多所 | | 1200多所 | 32000多人 | 《中国古代寺院生活》 |
| 北朝 | 北魏（421—534） | 洛阳1376所 | 26800人 | 13727所 | 154700多人 | 《中国佛教史》《魏书》 |
| | 东魏（534—550） | 邺城4000所 | 80000多人 | 40000多所 | 2000000多人 | （同上）、《续高僧传》 |
| | 北齐天保年间（550—559） | 邺城4000所 | 80000多人 | 40000多所 | 3400000多人 | 《佛祖统纪》 |
| | 北周建德六年（577） | | | 40000所 | 2000000多人 | 《辩正论》《佛祖统纪》 |
| 隋代（581—619） | | 长安931所 | | 3792所 | 500000多人 | 《中国佛教》 |
| 唐代会昌五年（845） | | 长安90多所 | | 44600多所 | 260500多人 | 《旧唐书·武宗纪》 |
| 五代·后周（951—959） | | 汴梁60多所 | | 存2694所，废3336所 | 61200多人 | 《旧五代史·世宗纪》《五代会要·祠部》 |
| 宋代（1068） | | 汴梁60多所 | | 9010所 | 458000多人 | 《太平寰宇记》 |
| 元世祖至元二十八年（1291） | | 大都 | | 42318所 | 213148多人 | 《紫山先生大全文集》《佛祖统纪》 |
| 明朝 | 洪武之年（1368） | 南京160所 | | | 500000多人 | 《金陵梵刹志》 |
| | 崇祯十七年（1644） | 北京639所 | | | | 《青溪漫稿》 |
| 清代乾隆年间（1736—1739） | | 北京1300多所 | | 76922所（含庙观） | 134000多人 | 《乾隆京城全图》《钦定大清会典事例》 |

# 第三节　"大和尚"佛图澄

佛教分为大乘、小乘和密教三大派系。密教是以宣扬神异法术、诵念神咒为主。佛图澄凭借神异法术，赢得了后赵两代皇帝石勒、石虎的信赖，得以在邺城等地传佛，发展弟子。

佛图澄（公元232—348年）（图8-1）是一位著名的佛教人物，本姓帛，少年出家。史书上称他来自天竺（今印度），近人考证多言他为西域人。他能诵经数十万言，善解文义，虽未读中土儒史，而与诸学士论辩凝滞，无能屈者。他知见超群、学识渊博并热忱讲导，有天竺、康居名僧佛调、须菩提等不远数万里足涉流沙来从他受学；中土名人如释道安、竺法雅等，也跋涉山川听他讲说。《高僧传》说他门下受业追随的常有数百，前后门徒几及一万。教学盛况可见一斑。佛图澄重视戒学，平生"酒不逾齿、过中不食、非戒不履"，并以此教授徒众；对于古来相传的戒律，亦复多所考校。如道安《比丘大戒序》说："我之诸师始秦受戒，又之译人考校者勘，先人所传相承谓是，至澄和上多所正焉。"《僧传》叙述他的神通事迹颇多，说他显密兼修、志弘大法、善诵神咒，能役使鬼神，彻见千里外事，又能预知吉凶、兼善医术，能治痼疾应时瘳损，为人所崇拜。

图8-1 佛图澄画像

西晋永嘉四年（公元310年）佛图澄至洛阳，时年约八十岁，时值羯人石勒和刘曜打仗。永嘉六年（公元312年）石勒屯兵葛陂（今河南新蔡北），准备南攻建业。佛图澄因石勒大将郭黑略的关系，会见了石勒，并迅速受到石勒的重视和信任，成为其军政参谋。佛图澄借此机会宣讲佛的宗旨和教义，劝石勒要以德化政，使百姓得以安居。自此以后，中原一带许多胡人和汉人开始相信佛法。

永嘉六年七月，佛图澄随石勒至襄国（今河北邢台）。石勒自立为帝，号称"大赵天王"，改年号为建平，这一年是东晋成帝咸和五年（公元330年）。石勒登位之后，对佛图澄更加器重。当时石葱准备反叛，佛图澄暗示并告诫石勒说："今年葱中有虫子，吃葱对人有害，要叫百姓别吃葱。"石勒布告境内，千万不要吃葱。八月，石葱果然逃走了。石勒方知佛图澄不让吃葱的寓意，更加尊重佛图澄，有事必先征求他的意见，然后再行动，并尊称他为"大和尚"。"和尚"一词原是中原对西域僧人的译音，意为"和上"。"和上"的含义是以各自相安、相互协调为高、为先、为尊者，后改作"和尚"，意思是尊崇各自相安、相互协调的人。"和上"修习佛法的最高果位是成佛。佛是梵音，中文译作"能仁、谓德、道备，堪济万物也"，就是所谓的圣人。"释迦牟尼佛"，即指古印度释迦族的圣人。由此，"大和尚"就是指僧人中的典范人物。在襄国的二十四年中，佛图澄对时政多有建白，并做下了"敕龙致水""劝宥段波""预言擒曜""复活勒子""预言国丧""漳滏祈雨"等神奇之事。

东晋咸康元年、后赵建武元年（公元335年）九月，后赵天王石虎将后赵国都从襄国迁至邺城。石虎对佛图澄更为恭敬和信服。他宣布："和尚国之大宝，荣爵不加，高禄不受，荣禄匪颁，何以旌德。从此已（以）往，宜衣以绫锦，乘以雕辇。朝会之日，和尚升殿，常侍已下，悉助举舁，太子诸公，扶辇而上。主者唱大和尚，众座皆起，以彰其尊。"（《太平广记·佛图澄》）这段话的意思是，和尚是国之大宝，荣爵他不要加，高禄他不接受，不给他荣和禄，还用什么方式来表彰他的仁德呢？从此以后，应当让他穿绫锦、乘宝辇。朝会之日，和尚升殿时可以乘辇穿过皇宫直抵昭阳殿前，常侍以下官员都要帮助抬举他的宝车上台阶，太子诸公要扶着他的车上朝。届时领班的高喊"大和尚到"，在座者包括石虎皇帝都要起立相迎。石虎要通过上述方式表示对佛图澄的尊重。石虎又颁布命令说，司空李农每天早晚要亲自登门问候，太子诸公每五天一次前往朝谒，以表达朕对他的敬意。一个异域僧人在中国受到皇帝如此殊荣礼待，可谓前无古人后无来者。

后由佛图澄建议，经石虎同意后提倡，人人争相削发出家，寺庙大兴。至于国家大事，石虎也常求教于佛图澄。其间，佛图澄又做下了"知人善恶""咒救黑略""谏虎滥杀""言虎前身""答问佛法""讲说因果""遥救弟子""得承露盘""劝勿伐燕""解羊鱼梦""掷酒灭火""道破天机""预言闵叛""临终谏虎"等神异之事和劝善之举。

跟随佛图澄受业的弟子经常有数百人，其一生在中国为弟子剃度近万人，释道安、法常都是他的神足。他所造寺院多达八九百所。当时在邺都和他一道传扬密教的还有单道开、麻襦等神僧。佛图澄在邺都开创了中国神异僧侣一途，成为中国佛教密教的先声。任继愈评价他："把巫术神异和参与军国机要同佛教教义三者融为一体，使佛教在中国历史上被封建最高统治者作为真正信仰所崇奉，并纳入国家扶植之下。"（参见《中国佛教史》，中国社会科学出版社1985年版）。

至后赵建武十四年（公元348年）十二月八日，佛图澄卒于邺宫寺，终年一百一十七岁。后赵举国奔丧，百官士庶恸哭，葬于石虎为之建造的邺西紫陌茔墓（约位于今磁县南白道村附近）。其后，石虎疑佛图澄不死，令人开棺，唯见一石（或称钵杖）而已，遂留下"埋形紫陌"的神奇传说。也有史料称，冉闵称王后，曾开过佛图澄的棺，却不见尸体，只有一只化缘的钵。

佛图澄伴随后赵政权从创业、开国至国祚将尽之时，前后达三十多年，影响非常大，后人有"大教东来，至澄而盛"之说。

## 第四节 释道安开创中国佛经史料学和目录学

释道安（公元312—385年）（图8-2），汉族人，两晋十六

国时前秦高僧、翻译家。本姓卫，常山扶柳人。十二岁出家，受
"具足戒"后，二十四岁至邺城，成为名僧佛图澄的弟子。佛图
澄死后，释道安因避战乱，颠沛流离于晋、豫一带，后在襄阳、
长安等地总结了汉代以来流行的佛教学说，整理了新译旧译的经
典，编纂目录，确立戒规，主张僧侣以"释"（释迦牟尼）为姓，
培养了慧远、慧持等佛教高僧。

图8-2 释道安画像

释道安勤于搜集佛典，编纂了中国历史上最完备的佛教目录《综理众经目录》，始自东汉光和年（公元179—183年），止于他逝世，大约二百年，共收入译家十七人，所译经律论二百四十四部，失源佛典三百零九部，疑伪经二十六部，注经二十五部，总计六百零四部。由此开创了中国佛教的史料学和目录学的先河，为考察佛教流传的全貌、辨别真伪、区分外来译著和本土撰著提供了条件。

在邺城广传佛法的释道安面对僧尼队伍成分庞杂、姓氏混乱的现象，认为如没有规范的戒律约束，僧尼难以管理，于是精心制定了《僧尼轨范》。中国僧侣自身的日常宗教修习和活动仪轨便由释道安制定的《僧尼轨范》为开端，从此"天下寺舍，遂则而从之"。其条例有三："一曰行香定座上经上讲之法，二曰常日六时行道饮食唱时法，三曰布萨（说戒忏悔）差使悔过等法。"这种礼仪的规定，极大地增强了佛教戒律的效果。

又因僧尼加入佛门后，僧姓非常混乱，有中国僧尼姓外国人姓的，也有外国僧尼姓中国人姓的。汉魏以来，僧尼名前多加异国或异族名称以为姓氏，如安、支、康、竺等，其中一部分与来自外籍或沿袭祖籍有关，但不少汉人也以胡音为姓。释道安以为，佛徒莫不尊崇释迦，"乃以释命氏"，遂为永式。释道安统一佛徒姓氏，僧尼以"释"为姓，减少了由姓氏上表现的国界和民族的差别，强化了宗教统一的文化色彩，这在当时分裂的局势下，对于维系一种稳定的共同文化心理是很有意义的。

释道安的影响相当深远，时人称其"手印菩萨"，居于西国的鸠摩罗什则以"东方菩萨"美称他。《中国名僧·释道安》一书评价他："释道安制定《僧尼轨范》一事为凿空开荒，是中国僧团有僧制之始。"

## 第五节　法上任昭玄大统达四十年

法上（公元495—580年），俗姓刘，朝歌人（今河南淇县），自东魏礼部尚书高澄奏请入邺后，被敕封为定国寺沙门都，不久晋升为沙门统，掌管东魏国家佛事。北齐受禅后，又晋升为昭玄大统，相当于现在的佛教协会会长，绾摄北齐全境佛事，掌管天下三百多万僧尼。他一直连任东魏、北齐两代中央僧官将近四十年，是中国佛教史上历任昭玄统时间最长的僧官。

法上出生在朝歌城东北十里的石佛寺村，五岁诵文，六岁诵经惊四座，十二岁投入道药禅师门下，剃度出家，此后潜心修禅，先后在林虑（今河南林州）、相州、洛阳、邺都、嵩山等地住持寺院，"夏听少林秋还漳岸"，并回朝歌于北魏永平三年（公元510年）在古灵山创建古灵山寺，在城北建石佛寺。

法上为了研修佛理，历尽千辛万苦、矢志不渝。《续高僧传》记载了很多他忘我研修的故事。比如，"后值时俭衣食俱乏。专意涅槃无心饥冻。故一粒之米加之以菜。一衣为服兼之以草。练形将尽而精神日进"。说他曾经没衣服穿、没粮食吃，便以野菜充饥、以稻草当衣，但他根本就不在乎饥饱、不在乎冷暖，潜心修学。他佛学日进，虽然又黑又瘦，形容枯槁，但"神气高爽，照晓词论"，"练形将尽而精神日进"。

法上的佛学水平很高，"德可轨人，威能肃物"；"学德为一时之冠"，具有崇高的声誉和威望。他曾经与高句丽（今朝鲜）、印度的高僧一起切磋佛教经典。北齐文宣帝将他请进皇宫，尊为国师，搬出旧藏的梵文经书一千多箱，请法上大师在天平寺翻译；还经常请他讲《十地经》《涅槃经》，并亲笔下诏书，给法上高僧很高的荣誉。

法上虽德高位尊，但非常简朴、平易近人。《续高僧传》说他"法衣瓶钵以外更无余财。生不屡乘步以毕命。门人成匠。任情所学。不私己业。偏用训人。言常含笑罪不加杖"。除了随身的衣物没有任何财产，他一般不乘坐豪华的车辆，都是以步代车；他的门下徒弟也都学业有成，他对弟子总是循循善诱、毫不保留、态度和善；即使弟子犯了错误，也不轻易体罚他们。他自己省吃俭用，用所得的捐赠等建造了一座宏大的山寺，位于邺都西山，叫作合水寺，后来改名修定寺。并在山的极顶建造了庄严华丽的弥勒堂，寺院的僧侣达一百五十多人。

法上著述颇丰，撰有《增一数法》四十卷、《众经录》一卷、《佛性论》二卷、《大乘义章》六卷。法上有许多弟子，著名的弟子有法存、融智、慧远（净影寺住持）等。其中慧远（公元

523—592年）也是一代大师，常讲《地论》，并随讲随疏，著有《十地经论义记》，与天台宗智颛、三论宗吉藏，合称"隋代三大法师"。

## 第六节　邺籍高僧法砺创立相部宗学派

邺籍高僧法砺是慧光大师的五世弟子，是洪遵大师的高足，其独特的佛学观点是经过了广泛参学的过程而形成的。他在邺都受过多位《四分律》学者的传授和教导，又曾到江南游学，博听《十律诵》的传授，终于独树一帜，成一家之言，并开创了兴盛一时的《四分律》学派。因他弘法的中心在故乡邺城，又因邺城曾是相州的治所，所以时人把他开创的学派称为"相部宗"。

僧法耶舍便是萨婆多派的一位大师，他提出的一些理论，对后来的佛教有很大的启发。因此，后人将他当作佛教的先行者。僧法耶舍尊者，僧法耶舍即僧邠耶舍，意译众称，又译作"迦耶舍多""僧邠耶奢"，为僧迦难提之弟子，鸠摩罗多之师，西方二十八祖之第十八祖。尊者最为重要的理论是"因明论"，即由此知彼，通过一种事物认识另一种事物，依此类推，无所不明。在阐述的时候，他举了一个例子。比如有十个一模一样的花瓶，它们的大小、形状、颜色毫无二致，并且是从同一个窑烧出。如果用一根筷子敲击，却会发出不同的声音。这时，根据它们的声音去查看，就会找出它们的不同之处，更加深入地分析下去，就会将问题层层解开，乃至无穷。"因明论"是一种认识事物的有效方法，在后来的佛教理论中，他演变为"内明论"，进一步推进了佛法的智慧。

## 第七节　邺下僧人稠禅师是少林寺僧武学之祖

千百年来少林寺武学被誉为武学鼻祖，在国内外有着重大影响，但鲜为人知的是少林武学源于邺下之地（据佛学专家、安阳师院教授马爱民潜心研究考证：邺下高僧孕育出了少林功夫，少林功夫源于邺下寺院）。

邺下佛教活动在南北朝时期达到了历史上的顶峰，在佛教蔓延流传的同时，邺下民间习武之风也非常盛行，这一时期的突出社会特征就是既信奉佛教，又尚习武，连邺下寺院的出家僧人，也经常在闲暇之余习练武艺，强健筋骨。邺下寺院是我国历史上有文献可考的出现众多武僧习武练功活动的寺院，稠禅师就是邺下寺院中的一位著名武僧。稠禅师又称僧稠禅师（图8-3），北魏孝文帝太和四年（公元480年）生于邺地，他幼年于邺下为沙弥，在刚当小和尚时，由于身体瘦弱、力气又小，他经常被一些会武术的小和尚戏弄，但稠禅师志向远大、毅力坚强，发愤练武自强，后来居然练得武艺惊人、身灵体健。稠禅师还文武兼修——论武，他"筋骨强劲""拳捷骁武"；论文，他"勤学世典，备通经史"。唐张鷟的《朝野佥载·卷二》载："北齐稠禅师，邺人也，幼落发为沙弥，时辈甚众，每休暇，常角力、腾趠为戏。"这一个"戏"字十分传神地表现出邺下寺院武僧独特的习武活动。稠禅师能"横踏壁行，自西向东凡数百步，又跃首至于梁数四，乃引重千钧，其拳捷骁武。先轻侮者俯伏流汗，莫敢仰视"。"腾趠"是指邺下僧人在寺院内的各种蹿蹦跳跃练习活动，而"角力"则是指包括"戏殴"在内的技击搏斗方面的功夫，古人常把摔跤、相扑、角抵和角力混用，这也反映了稠禅师少年在邺下寺院习武的活动。唐道宣的《续高僧传》又载稠禅师曾"闻两虎交斗，咆响震岩，乃以锡杖中解，各散而去"。稠禅师多次以杖驱虎，据邺下后唐《重修定晋禅院千佛邑碑》载："有虎（至）庵前，师（稠禅师）乃以手约杖驱，而皆弭伏。"北魏宣武帝延昌二年（公元513年），稠禅师到少室山下的少林寺随跋陀习禅，跋陀称稠禅师"禅学之最，汝其人也……即住嵩岳寺（少林寺）"。《嵩岳少林寺碑》记载："稠禅师，探求正法，住持塔庙。"稠禅师到达少林寺时，初祖跋陀"年渐迟暮""躬移寺（少林寺）外"，由邺人稠禅师主持少林寺，从此开创了少林寺僧人习武之风。北齐天保三年（公元552年），北齐皇帝高洋下诏，为晚年又重新回到邺地的稠禅师在"邺城西南八十里龙山之阳，为构精舍，名云门寺，请以居之，兼为石窟大寺主，两任纲位，练众将千，供事繁委，充诸山谷"。稠禅师同

图8-3 稠禅师画像

时身兼龙山"云门寺"与宝山"石窟大寺"（今宝山灵泉寺）两座大寺的寺主之职，这在历史上十分少见。稠禅师禅学武功先后两次由邺下传入少林，他在主持云门寺与石窟大寺（遗址均位于今河南安阳县善应镇境内）时又教授了不少出家弟子习武修禅，在他门下求法学武的人很多，其中就有北周时期成为少林寺大师的慧远法师。

少林寺是北魏孝文帝为其赏识的印度高僧跋陀传播佛学而修建的寺庙。跋陀来中国后，先到北魏京都平城（今山西大同），备受孝文帝礼遇，为他在平城附近"别设禅林，凿石为龛……国家资供"。北魏孝文帝迁都为民族大融合带来繁荣局面，后孝文帝定都洛阳，这时跋陀也随之来到洛阳禅修，于公元496年在嵩山五乳峰下建造少林寺。从此跋陀主持少林寺，自然成为少林寺的初祖。跋陀"性爱幽栖，林谷是托"。在史料文献中，跋陀没有会武功的记载，但他"博通经法"，精于禅修。据考，少林寺建寺后以武僧闻名当始于二祖稠禅师。

综上文献可知，稠禅师幼年在邺下习武，后到嵩山为少林寺二祖，从此教授弟子武功，开寺僧武学之祖。

# 第九章

# 邺城遗迹

## 第一节　我国现存最大的螭首石雕文物

　　中国的古代建筑，大都是以高大的夯土台基建造宏大的木构架建筑为特色。石材作为建筑材料，主要用以加固基础和制作栏杆等附件，主要包括柱础石、角柱、殿阶螭首、踏道、压阑石、殿阶基、殿内斗八、螭子石、门砧石等。在我国古建筑考古发掘中，以柱础石最常见，也发现有门砧石、螭首等物，不过雕刻精美的文物多是南北朝以后的作品。其中1957年在邺城考古调查中发现的一对石螭首，是我国现存最大的螭首石雕文物精品。

　　该螭首被发现时，位于邺城三台遗址之一——金凤台台前阁楼内，被充作两侧木柱的垫石之用。螭首为青石质料，全长达一百九十二厘米。其前端是长一百零四厘米的螭首，尖吻长角，头部微昂，雕刻精致。后端是长方石条形，周围斧凿痕迹俱在。在朝上的一面凿一小圆穴，一侧凿一窄槽。两件螭首形状、尺寸全同。其中的一件保存较好，螭首下颌稍残缺，但仍不失为石雕文物精品。1952年出版的《世界美术全集》第七卷还以"美术雕塑珍品"为题刊出了这件螭首的照片。日本专家水野清一把此物断为北齐遗物，我国文物专家也根据原物风格断为东魏或北齐之物，二者断代基本一致。但也有学者根据其出土于曹魏的邺北城，而东魏、北齐的国都邺南城未有发现的现象，结合《水经注·洹水》的记载，认为应为曹魏遗物。看来此问题尚需深入研究探讨。

邺城出土的许多建筑构件丰富多样、精致美观、形制巨奇，从一个侧面反映了邺城规制之壮观瑰丽，其石雕是我国古代建筑石雕艺术的典范之作，具有重要的艺术研究价值。

## 第二节　曹操拴马桩

在今河北省临漳县城西南二十五公里处古邺城遗址的靳彭城村东，有一棵古柏，传为东汉末年曹操赴南校场时的拴马桩。校场是用来每年春季举行籍田仪式（给耕牛披红挂绿，魏王亲自抚犁耕田，号召尚农）和阅兵仪式的场所。又传为曹植所植，从太行山移来，供曹操乘凉、拴马之用，故后人亦称之为"曹植柏"。其树干胸围五米七，可供七人合抱，树高超二十米六，树冠直径超十七米五。树冠覆盖面积直径约为八十米，树主干上生长部分半球体的骨突，形状如紧握的拳头。此树具体位于邺南城正南门——朱明门南约一公里大道西侧（邺南城是北朝晚期的佛教中心，邺下大寺甚多，也有人说这是大寺庙内留下的古树）。据林业专家鉴定，此树至少千年，是河北平原上现存最大的桧柏。现仍枝叶繁茂、生机勃勃、苍翠挺拔、直插云天，旁有"天下第一柏"石碑一座。

三国归晋，沧桑巨变。北齐时，曹魏古柏处建为彭城。彭城王居住此地，古柏院落为彭城佛教圣地。唐代高宗时，正卿李百药诗云"南馆招奇士，西苑引上才"，就是指这块宝地。唐宋时期，曹魏古柏处发展成为道、儒、佛教圣地，故又称"彭城三教堂大柏树"。元明清三代，曹魏古柏依旧枝繁叶茂，苍翠挺拔，当地百姓以为古柏已经升仙有灵，遂供奉为柏仙，又称"群仙居此树冠"。

古柏有许多神奇的形态令人想象，曾有人独具匠心地描写："东有男女情悠悠，西有蜗牛树上走，南有喜鹊枝头笑，北有观音双合手，上有双龙绕树飞，下有凸拳暴如雷，曹操古邺南校场，玄武池畔拴马桩。"

当地村民说："树根若被铲破，会泌出略带红色的液体。"由此谓之"血柏"。每逢节日，当地百姓都要在树下烧香祈福。相传清朝咸丰年间，一个贪官见这棵树长得粗壮，便想留给自己做棺木，就派了十几个人带着大锯，强行锯树，可刚一插锯，褐红色的树液像血一样喷了人满身，锯也被死死地卡住，人人吓得魂飞魄散。据说至今树东侧还有当年的锯痕。

"曹操拴马桩"的古柏，历经了一千八百多年雨雪风霜，至今仍根深叶茂，成为临漳县文物保护单位和旅游景点之一。

## 第三节 曹操墓

曹操墓即安阳高陵，位于河南省安阳市安丰乡西高穴村，在邺北城西12公里处。据《三国志》等史料记载，公元220年，曹操卒于洛阳，灵柩运到邺城，葬在邺城西门豹祠以西的丘陵。2009年12月27日，河南省文物局公布，高陵经考古发掘得到确认，其位于河南省安阳市安丰乡西高穴村南，得到国家文物局认定就是曹操墓。根据国家文物局和财政部批准的《大遗址保护"十二五"专项规划》，河北省邺城遗址含河南安阳高陵。

### 一、曹操墓的基本情况

从现存史料和考古发现来看，曹操并没有秘葬，更未设疑冢。但他主张丧葬从简，却没承想"简办"的丧事反而给历史平添了不少"繁杂"。曹操墓中没有封土建陵、没有随葬金玉器物，也没有建设高大坚固的祭殿。数百年后，墓葬简单的曹操墓就湮没在历史的陈迹之中了。宋代以后，曹操被视为"奸雄"，其墓址不详也成了他奸诈的一个证明，七十二疑冢等说法在民间传说和文学作品中广为传布。

邓之诚的《古董琐记全编》中记载，1922年河北磁县农民崔老荣发现了一个古墓，其刻石所叙为曹操，刻石由县署保存。邯郸市的考古工作者对这一线索进行了专门的核实，结果没有找到可靠的依据。直至2009年，国家文物局认定河南安阳东汉大墓墓主为曹操。

## 二、曹操陵墓的特色

中国帝王厚葬源远流长，秦始皇陵出土的兵马俑震惊世界；汉武帝以天下贡赋的1/3为己修陵；唐太宗昭陵"宫室制度宏丽，不异人间"；就是最后一个帝陵光绪的崇陵也颇壮观。薄葬古已有之，但在帝王薄葬中，曹操是开先河者——不建封土堆、不植树、不随葬金玉器物。汉代诸侯王刘胜死后着2498块玉片、1100克金丝构成的金缕玉衣，号为"武帝"的曹操却只穿补过的衣服入殓。许多人不敢相信，贵如曹操会如此简单地"打发"自己。魏晋的薄葬，与汉末战乱许多厚葬之墓被盗掘有关，人们希望以薄葬获得死后的安宁。这一愿望曹操没能实现，他虽被视为奸雄之首，却未能料到自己简办的丧事会成为光怪陆离的千古之谜。

## 三、曹操高陵墓穴的概况

曹操高陵是一座多墓室的大型砖室墓。墓平面呈"甲"字形，墓葬坐西向东，墓葬全长近60米。墓室墓圹平面呈前宽后窄的梯形，东面最宽处宽22米，西面较窄处宽19.50米，东西长

18米，墓圹面积接近400平方米，整个墓葬占地面积740平方米左右。由墓道、墓门、封门墙、甬道、前后主室和四个侧室组成，结构复杂，规模宏大。

墓道为斜坡状，上宽下窄，两壁分别有7级台阶，逐级内收。墓道上口宽9.80米、底部宽4.10米。全长39.50米，最深处距地表约15米。在墓道与墓门接合处，南北两侧各有一道长5米、高4米的护墙。每面墙的墙体内立有5根原木立柱，作为龙骨。原木关节纹理清晰可辨。墓道填土含有大量料礓石，经平夯夯实，夯土层厚0.12—0.42米，十分坚硬。

墓道两边有9对南北两两对称的磬形坑，每个磬形坑的内凹处各环抱一个不规则形坑，并各有一排东西向的柱洞。在墓道东端有一排南北方向排列的方坑，墓道东端右侧有一东西向长3米、宽1.60米的长方形坑。墓葬中部有一条南北向的夯土层带。

墓门为砖砌双券拱形门，外券宽1.95米、高3.03米、拱高1.13米；内券宽1.68米、高2.58米、拱高0.80米。内有墓门，外有3道封门墙封闭。外层封门墙为竖放立砖，中层封门墙为错缝横砌，内层封门墙为斜立砖。整个封门墙厚度达1.45米。内有门槽，宽0.24米。

甬道为砖砌，券形顶，青石铺地，长2.85米、宽1.68米、拱高0.80米、通高2.58米。

墓室为砖砌，分前、后两室。

前室平面近方形，东西长3.85米、南北宽3.87米。四角攒尖顶，墓顶距墓底高6.40米，青石铺地。有南北两个侧室，其中南侧室平面为南北宽3.60米、东西长2.40米的长方形，圆券形顶；北侧室平面为南北宽1.83米、东西长2.79米的长方形，四角攒尖顶。主室与侧室之间由甬道相连，并有门相区隔，现仅存门槽，门槽宽0.20米。北侧室甬道长1.10米、宽1.36米；南侧室甬道长1米、宽1.40米。

后室东西长3.82米、南北宽3.85米，四角攒尖顶，墓顶距墓底通高6.50米。在墓室顶部靠后处发现两个盗洞，从盗洞断面看，墓壁厚达约1米。有南北两个侧室，侧室南北长均为3.60米、东西宽1.90—1.92米，圆券形顶。主室与侧室之间由甬道相连，并有门相区隔，现仅存门槽，门槽宽0.20米。北侧室甬道长0.97米、宽1.17米；南侧室甬道长0.97米、宽1.28米。

整个墓室所铺青石大小不一，其中前甬道铺地石长1.75米、宽1米；前室最大的长1.67米、宽0.83米，最小的长0.76米、宽0.73米；后室最大的长1.05米、宽0.95米，最小的长0.94米、宽0.90米。错缝平铺、地面平整。围绕墓壁四周地面均有宽0.12米的凹槽。

在曹操墓中发现3个棺椁残痕，其中后室一个，葬具疑为石棺床，后室南北侧室中各有一个，均为木棺。与墓葬中所出土的3具人骨相对应，说明在墓葬中除了曹操，另外还有两个陪葬女人。

## 第四节 邺下修定寺塔

北魏孝文帝于公元494年在邺西皇畿之地的清凉山狩猎时，偶遇高僧张猛，崇敬备至，于是拨款给张猛在此修建寺院，并钦赐寺额名为"天城寺"，比洛阳少林寺创建还早两年。东魏兴和二年（公元540年），大将军尚书令高澄改号为"城山寺"；北齐天保元年（公元550年），文宣帝又改为"合水寺"；隋开皇三年（公元583年）"下敕修理"，改名"修定寺"；唐贞观十年（公元636年），"敕修复"；宋乾德三年（公元965年），"敕额三降"修定寺；明宣德元年（公元1426年），为皇家"祈祝之所"。修定寺从其创建到明朝，一直是国家级寺院。

修定寺塔（图9-1）为一座单层砖砌浮雕方形舍利塔。由塔顶、塔身和塔基三部分组成，通高近二十米。塔顶原为红、黄、绿三彩琉璃构件，塔顶、塔座已毁，现存塔身九米三，每面壁宽八米三。塔基平面呈八角形，下为束腰须弥座。塔身从残存部分看，外壁用菱形、矩形、三角形、平行四边形等形状的浮雕砖三千七百七十五块嵌砌而成。图案有佛像、弟子、菩萨、天王、力士、武士、侍女、飞天、伎乐、青龙、白虎、猛狮、大象、天马、巨蟒、飞雁、帷幔、花卉、彩带等七十二种，仪态逼真、形象生动。不同图案和造型的砖雕有八十九种，发掘和收集到塔基砖雕三十种，共计一百一十九种。雕砖嵌砌技术有：雕砖背面制

图9-1 修定寺塔

榫卯，与内壁素面砖犬牙交错，相互扣合牵拉；以雕砖的不同厚度呈榫卯，与内壁素面互相嵌砌；用铁钉、铁片支托拉牵，使之固定；塔檐采用木骨与外桃花砖榫卯相套，拉于塔顶固定。南壁开拱券门，门框额，门券左为青龙，右为白虎，两侧侍立四臂金刚。

　　修定寺塔是中国现存三千多座佛塔中建筑年代最早的寺塔之一。过去学者认为嵩岳寺塔创建于北魏正光元年（公元520年）或正光四年（公元523年），是全国现存最早的佛塔。20世纪80年代，河南省文物局出版《安阳修定寺塔》一书，认定修定寺塔建于唐代，因此称为"唐塔"。近年来中国古建筑学家曹汛撰文指出，嵩岳寺塔不是建造于北魏正光四年，而是唐开元二十一年（公元733年），邺下修定寺塔建于北齐，重修于隋开皇三年（公元583年），是"迄今所知我国传世最早的古塔"。2007年，安阳佛学研究者董建亮在《佛学研究》上发表文章指出，修定寺塔应是法上法师主持、建造于北齐天保二至四年（公元551—553年）。马爱民从《唐代修定寺碑记》中考证：碑文记述了在北周武帝灭佛运动中，官府曾"勒令邺下三县限二十天，拆除寺塔两千余座"，待拆迁到修定寺时，带领官看到该寺塔巍峨壮丽，不忍心拆毁，又怕上峰怪罪，就敷衍了事，象征性地把塔顶拆掉，底座护栏拆除。据唐代修定寺碑文载"当时邺下唯此塔幸存"。由此可以说，修定寺塔是全国现存建筑年代最早的佛塔之一。

## 第五节　我国保存完整的券顶式城门遗址

2001年6月，由中国社会科学院考古研究所和河北省文物研究所共同组成的邺城考古队在漳河故道内发掘了迄今一千七百多年的曹魏至十六国时期邺北城的南城门遗址。据考古队队长、中国科学院考古研究所研究员、历史博士朱岩石称，这是我国目前发现的唯一保存完整的券顶式城门遗址。

邺城位于邯郸市临漳县西南二十公里处，是我国历史上六个朝代的都城所在地，至北朝末年毁废。其遗址在明清时被漳河泛滥的泥沙湮没于地下。邺北城由于其重要历史地位和城市中轴结构布局的创新风格，被国家确定为全国重点文物保护单位。多年来，各级文物考古工作者一直为调查邺城遗址的面貌而努力工作。1996 年，漳河发水时在该遗址上冲刷出地下一米五处的一段建筑遗址。1997 年，考古队勘探时，有关专家初步认为这是城墙的排水涵洞。2001 年 4 月初，考古队在临漳县文物保护管理所的全力配合下，正式发掘此处遗址，经过近一百天的艰苦工作，终于使这一遗址真相大白，被确认为邺北城的南城门遗址。

该城门遗址位于邺城三台东南约一公里处，南北长五十多米、宽三米多、高四米左右，呈券顶式，由北向南呈斜面而下，坡度约为二十度左右。城门入口在城内，与当时的地面持平，出口在城外，低于当时地面，人们可利用它隐蔽进出邺北城。它具有秘密城门的性质，被称为"潜伏城门"。在城门洞两侧，均匀分布着眼距九十厘米、行距七十厘米的建筑时留下的架板眼。门两侧有对称的门轴石，门底下由北向南有一条封闭的排水垄沟，约四米长，一直通到城门南呈东西流向的大排水沟内。这处城门遗址虽非宏伟高大，但足以让执着的考古工作者为之一振，因为这是邺城考古以来的重大发现之一，是目前我国发现的唯一的保存完整的券顶式城门遗址。据称，元代以前的城门建筑技术基本上是过梁式，没有使用起券技术。邺北城潜伏城门的发现，把我国券顶式城门建筑的历史提前了七百多年。专家推断，这是曹魏到十六国时期邺北城的南城门，是由地上转入地下而走的秘密通道，可能是人们传说的曹操"转军洞"，也可能是通往城外水路的水门。不管怎样，这一发现对研究邺城发展史和中国古代都城建筑史都具有不可低估的价值。

## 第六节　东魏、北齐佛寺方形木塔遗迹

中国社会科学院考古研究所和河北省文物研究所组成的邺城考古队于2002年10—12月，在邯郸市临漳县赵彭城村西南邺城遗址发掘出一座北魏晚期的大型塔基遗迹。遗址规模宏大，规格较高。据考古专家朱岩石等称，此塔基"是我国发现的唯一一处东魏、北齐佛寺方形木塔遗迹（图9-2），塔基中刹柱础石、塔基砖函等发现填补了汉唐考古学的一项空白"。这对探讨北朝佛

图9-2　东魏、北齐佛寺方形木塔塔基遗迹

寺规制等课题具有重要价值，对于研究这一时期佛教塔基的特点和佛教考古都具有十分重要的意义。因此，该考古项目被评为"2002年度全国十大考古新发现"之一。

东魏、北齐是我国古代佛教相对兴盛的一个历史时期，当时其统治范围内曾广凿石窟、建造寺院。据史载，北齐最盛时，寺院达四万所，仅邺城地区就有四千所，僧尼八万人。这次考古发现的赵彭城塔基位于邺南城中轴线——朱明门大道向南延长线东约三百米处，离邺南城南城墙约一千三百米。

该塔基旧传为三国时期魏元帝曹奂的陵墓，历史上屡遭盗掘。塔基遗迹包括塔心实体等地上部分和佛塔基槽地下部分，两部分均为夯土和砖石构造。塔基地下基槽为正方形，边长约四十五米，深约六米。基槽近底部以卵石层和夯土层交替构筑，卵石层多达十层。基槽之上建筑佛塔地上部分，现存有夯土塔心实体、南侧斜坡踏道、南侧砖铺散水等。塔基中心有一盗坑，在深约三米半的坑底发现了刹柱础石。刹柱础石底座近正方形，上部为覆盆形，边长约一米二。考古人员根据刹柱础石（坑）、承础石（坑）等分布状况，推测正方形塔心实体边长约三十米，据此可复原塔心实体的柱网结构。另外，考古队还在塔基刹柱础石的下面发现了佛塔建立时可能瘗埋舍利或圣物的砖函。砖函用细腻黑灰色砖砌筑，近正方形，砖函的长、宽、高均七十厘米。函内遗物被盗。除刹柱础石、砖函外，遗迹中也出土了大量建筑构件如砖瓦、柱础石、石刻大螭首及许多石刻建筑残件。此外，还出土了泥塑彩绘佛像、各式泥塑彩绘残件、残琉璃舍利瓶等与佛教密切相关的遗物。

该塔基遗迹的发现为研究汉唐时期的佛教文化及其发展提供了重要实物资料。据《中国文物报》报道说："中国南北朝、隋唐文献中记载了很多有刹柱贯通上下的佛寺木塔，但是图像、实物均不存在。以前推测隋唐及其建造有刹柱的木塔，利用的重要的参考资料是日本现存的飞鸟时代法隆寺五重塔和奈良时代药师寺东塔等。砖函的发现证明我国南北朝时期还没有形成地宫形制的舍利圣物瘗埋制度。赵彭城塔基的建筑技术继承了北魏时期的建筑特点，同时又有所发展……塔基柱础石下面放置承础石等做法，开启了隋唐代宫殿相同建筑技术之先河。"

## 第七节　临漳县北吴庄出土大量佛造像文物

2012年春节期间，由中国社会科学院考古研究所与河北省文物研究所联合组成的邺城考古队，在邺城遗址东部五米厚的流沙层下发现了一处不规则的埋葬坑（图9-3），内部惊现佛教造像二千八百九十五件。这是新中国成立以来出土遗物数量最多的佛教造像埋葬坑。出土佛造像工艺精湛（图9-4、图9-5），造像精美、类型多样、题材丰富。考古专家认为，这充分显示了北朝晚期在邺城作为中原北方地区佛学中心和文化艺术中心的历史地

图9-3　佛造像发掘原址

图9-4　出土的佛造像

图9-5　北齐佛造像

位。本次考古发现堪称新中国成立以来南北朝、隋朝、唐初时期重要考古发现之一。佛寺、佛像这样级别的发现史无前例。

根据造像特征、题记等初步认为，这批佛造像时代主要是东魏、北齐，另有个别是北魏时期及唐代风格造像。这是中国佛教考古的重要发现，是古代中国艺术史的重要发现，是中国南北朝时期历史文化的重要发现，对研究佛教在中国北方的兴废具有重要价值，对研究佛教的东传与发展具有重要意义。

科技篇

# 第十章 我国历史上的麻醉药"麻沸散"

东汉末年的名医华佗（约公元141—208年）（图10-1），关心百姓疾苦，一直在民间行医。他医道高明，擅长内科、妇科、儿科、针灸，尤为精通外科手术。他发明了进行外科手术时所用的麻醉药——麻沸散，这比西方牙医发明的麻药早了一千六百年。

《后汉书·方术列传·华佗》中有"若疾发结于内，针药所不能及者，乃令先以酒服麻沸散，既醉无所觉，因刳破腹背，抽割积聚"的记载。即手术前，用酒冲服麻沸散，病人很快便失去知觉，随即就可施行手术。特别是他进行的全身麻醉剖腹手术，使祖国医学在麻醉学和腹腔手术方面走在了世界的前列。

华佗还通过模仿虎、鹿、猿、熊、鸟的动作，编制了一套医疗体操——五禽戏，至今仍起作用。

医术高明的民间医生华佗，因为拒绝做曹操的"私人医生"，于建安十三年（公元208年）被曹操杀害，他所著医书也已失传。

图10-1　华佗画像

# 第十一章 —— 水动力木制机器人 "邺城仙都苑木人"

　　邺城曾为战国时魏国的城邑。在公元3—6世纪的魏晋南北朝时期，又是曹魏、后赵、冉魏、前燕及北朝东魏、北齐的都城。为都期间，王公贵族为了满足自己奢侈的生活需求，在都城附近建造了许多大型苑囿、台榭及其他游乐设施。从文献上看，北齐武成帝（高湛）在位期间（公元561—565年），邺城西南仙都苑密作堂中的十四个木制人，是目前所知我国最早的用水作动力的木制机器人。

　　《河朔访古记》记载：北齐武成帝时期，黄门侍郎崔士顺是一位能工巧匠。他曾在邺都的"仙都苑"创造出一艘机器佛像船，船上木制建筑叫"密作堂"。堂周围用二十四根梁架撑起三层楼堂，造型美观，巍峨壮丽。大船浮在水中，靠流水冲击船轮推动船上机关运作，其规模之大、设计之巧，堪与今天的巨轮媲美。各层雕造均是佛像，但又形态各异，惟妙惟肖。木偶体内装置关节，能够随着水轮的拨动做出符合节奏的进退仰卧动作。中层是三间佛堂。上层也是佛堂，佛坐中央，旁立菩萨和侍卫、力士等，佛座的帐上刻有飞逸仙女，仙女循环右转；又刻画紫云飞腾，作左转行，往来交错，终日不停。可惜在北周灭佛运动中，这座稀世建筑遭到厄难，皆被废毁坏。

《临漳县志》（临漳县地方志编纂委员会，中华书局1999年版）记载：仙都苑原名芳林园。《邺中记》载："魏武（魏武帝曹操）所筑，后避秦王（曹芳）讳，改名华林。后赵石虎建武十四年（公元348年）重修。"北齐武成帝增饰"华林园"，使之"若仙所居"，遂改名为"仙都苑"。苑中挖土堆成五座大山，分别冠以五岳之名。五岳之间分流四渎（水沟）为四海，汇为太池，大曰"大海"。每池中通船，行处可达二十五里。五岳山上和各个海中，都有殿阁楼堂。北海中有密作堂，"堂周回二十，四架，以大船浮之于水（用大船载浮），为激轮于堂（安激轮于堂下，用水作动力），层层各异，下层刻木为七人，相对列坐，一人弹琵琶，一人击胡鼓，一人弹箜篌，一人挡筝，一人振铜钹，一人拍板，一人弄盘，并衣之以锦绣，其节会进退仰俯，莫不中规。中层作佛堂三间，佛事精丽。又作木僧七人，各长三尺，衣以缯彩。堂西南角，一僧手执香奁，东南角一僧手执香炉而立，余五僧绕佛左转行道。每至西南角，则执奁僧以手拈香，授行道僧，僧舒手受香。复行至东南角，则执香炉僧舒手授香炉于行道僧，僧乃舒手置香于炉中，遂至佛前作礼，礼毕，整衣而行，周而复始，与人无异……并黄门侍郎博陵崔士顺所制，奇巧机妙，自古未有"（清顾炎武著《历代宅京记》)。

　　乔文泉在《邺城考察研究史料》一文中说："邺南城的奢华建筑本来无足称道，不过，从密作堂的木制人会作乐、木人会行礼这一记载来看，说明我国是在一千四百多年前就有了机器人的发明，很值得我们进一步研究。"崔士顺精心设计制造的这艘佛像机器人船是我国佛学史上的创造。可以说是我国后来创造机器轮船和机器人的雏形。

# 第十二章

记里鼓车

中国是一个具有深厚科技文明基础的古国，我国古代的科技文明灿烂辉煌。美国学者罗伯特·坦普尔（Robert Temple）在其著述中写道："现代世界赖以建立的基础的发明创造，可能有一半以上源于中国。"（《中国的创造精神—— 中国的 100 个世界第一》，人民教育出版社 2004 年版）

晋朝陆翙在《邺中记》中写道："石虎有指南车及司里车。"石虎是东晋时期后赵国的权臣，后为皇帝，从公元 333 年其实际执政算起，至公元 349 年其死为止，以邺为都的后赵，集中了全国的人力、物力、财力，在邺城大搞营建，大兴劳役，大量制作各种车、船、机等实用性机械和游艺性机械，科学技术有长足进步。其中，由中御史、机械发明家解飞及魏猛变制造的记里鼓车（见图 12-1，也叫司南车、记道车、记里车），是利用齿轮的传动原理制成的。《晋书·志·舆服》说："记里鼓车，驾四，形制如司南，其中有木人执槌向鼓，行一里则打一槌。"就是说，记里鼓车由四匹牲口牵拉，外形及传动系统类似指南车，车轮在地面上转一里，车上的两个木头人就用锤把架在上面的鼓敲一下，表示已去一里。如此便可计算路程距离。

　　记里车，约始创于两汉（也有在黄帝时已发明记里鼓车的传说），但汉代记里车（记道车）上是否有鼓，今难以知晓。东晋后赵的记里车却是明确记载有鼓的，故后赵的记里鼓车应算得上古代的一项发明，距今已有一千六百多年的历史了。

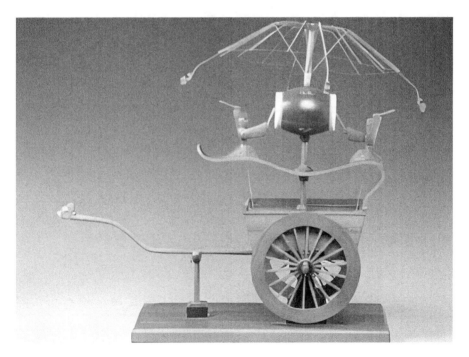

图12-1　记里鼓车模型

# 第十三章 ———————————— 佛像檀车

　　邺都在后赵时期，出现了暂时的稳定与繁荣。在佛图澄的推动下，邺都佛教盛行，成为佛都之城。自石勒称帝以来，后赵就规定了每年四月初八为佛诞节，全国各地要举行声势浩大的行像活动。所谓行像就是抬着佛祖塑像在大街上游行宣传佛教。为了扩大宣传声势，石虎命尚方令解飞精心制造了佛像檀车。《邺中记》云："石虎性好佞佛，众巧奢靡，不可纪也。尝作檀车，广丈余，长二丈，四轮，作金佛像坐于车上，九龙吐水灌之。又作木道人，恒以手摩佛心腹之间，又十余木道人，长二尺余，皆披袈裟绕佛行。当佛前，辄揖礼佛。又以手撮香投炉中，与人无异。车行则木人行，龙吐水，车止则止。亦解飞所造也。"

　　这辆车宽丈余，长两丈，置四轮。车上有一尊坐佛金像，周围有九条龙口吐水泉，车上有一个较大的木偶僧人，不断地用手在金佛的心腹间来回抚摸。还造有十几个小木僧，二尺来高，身披袈裟，围佛绕行，每当有小僧行到金佛面前时，该僧就作揖行

礼，还用手执香，插入佛前的香炉中。循环往复，栩栩如生。这
种车制造的特点是，靠车行的力量带动车上机关，引发木人走，
龙喷水。车停，僧人、数条龙也就停止了活动。用这样精巧的檀
车载佛行像，吸引观众围观，成为当时邺都最生动的行像宣传活
动方式。

第十四章 ── **世界早期载人飞行试验**

　　风筝是中国人发明的。风筝能不能作为两翼装在人身上使人也能像鸟一样飞翔？古代就有人做过这种试验。中国早期的"羽人飞行试验"是由王莽发起的。据《汉书·王莽传》记载，有的术士"或言能飞，一日千里……莽辄试之，取大鸟翮（翅膀）为两翼，头与身皆著毛，通引环纽，飞数百步堕"。可见，这是一次不甚成功的飞行。

　　而较成功的试验却是作为残酷的刑罚而出现的。英国人彼得·詹姆斯等著《世界古代发明》也如是说：能够承受一个人的重量的风筝，是在公元550—557年中国北部短命的王朝齐朝统治期间，以一种令人极其沮丧的方式发明出来的。这种残酷的刑罚或沮丧的方式，在有关北齐的历史文献（如《隋书》第二十五卷、《资治通鉴》第一百六十七卷）里可以找到确切的记载，公元550—559年，北齐的第一个皇帝高洋（都于邺城）是一个残暴的国君，他对曾是北魏和东魏统治者的拓跋和元氏两个大族，蓄意迫害、斩尽杀绝。他利用佛教中"放生"的说法，想出歪点子把人害死。公元559年，在庆祝佛教圣职授任仪式上，高洋将被囚禁的拓跋和元氏家族的人及其他囚犯作为"放生"的"污物"，给他们身上安上竹子编织的粗席作为翅膀，逼迫他们从离地面三十米高的金凤台（邺城三台之一）往下跳，"使元黄头与诸囚自金凤台各乘纸鸱以飞"，成为"载人风筝"，也成为"飞行试验员"。前后因此而丧生的共达七百二十一人。令人意外的是，前朝（东魏）的王子、元氏家族的著名人物元黄头，居然借助"翅膀"滑翔了近千米后安然落地（但他终究没有摆脱死亡的命运，后来被关起来活活饿死）。

从科技史的角度讲，英国学者李约瑟（Joseph Needham）评论这时的载人风筝说：事情不仅表示了这位皇帝是一位残忍的人，从另一个角度看，这些风筝必须有人在地面控制着，而且技术高超才能掌握好手中的线。也就是尽量使风筝放得久些、飞得高些。

载人风筝，对后世特别是近现代航空事业的影响是巨大的。到了18世纪，载人风筝在中国已经广泛流行了。1893年，澳大利亚人劳伦斯·哈格雷夫（Lawrence Hargave）创制了箱形风筝，而后来双翼飞机的制造者就是模仿了这种风筝。1894年，英国人巴登·鲍威尔（Robert Baden Powell）进行了载人风筝飞行并且取得成功。从历史文献的角度来说，公元559年中国元氏家族成员的飞行比欧洲飞行早成功了一千三百三十五年（据陈宇、陈宁著《中国古今的500个发明发现》）。

# 第十五章

**邺宫妃使用火柴的记载**

北周建德六年（公元577年），北周与陈国联合攻打北齐，兵临北齐都城邺。邺城两面受敌，被困多日，物资奇缺，尤其缺乏火种来烧饭和取暖。当时北齐邺宫的一群宫妃急中生智，用硫黄和木棒引火，制成了火柴（摩擦几下就可起火），解了燃眉之急。据史料记载：北周建德六年，北齐灭亡后，齐宫后妃被虏，为生活计，齐后妃贫者（可以理解为不甘清贫者）以"发烛"为业。这里说的"发烛"就是火柴的最早萌芽。据清代阮癸生考证，这种"发烛"是当时一种极为先进的燃火工具。由此看来，被称为"洋火"的火柴，在我国北齐时就已经发明出来，并且出现在邺城，比欧洲早了一千多年。

至北宋时，民间就已普遍使用一种染有硫黄的杉木条引火，这便是现在火柴的雏形。南宋时（公元1270年前后），杭州的大小街道上就有火柴出售了。明代的"发烛""淬儿"，无论是从其形式上还是作用上，都与现在的火柴很相似了。公元1681年，英国人发明了硫磷火柴。19世纪初，法国、英国等出现了摩擦的火柴。公元1831年，法国第一次用黄磷、硫黄和氯化钾混合制成现代使用的火柴。公元1855年，瑞典人成功研制安全火柴。追本溯源，邺城宫妃的发明功不可没！

邺城文献两则

　　魏文侯时，西门豹为邺令。豹往到邺，会长老，问之民所疾苦。长老曰："苦为河伯娶妇，以故贫。"豹问其故，对曰："邺三老、廷掾常岁赋敛百姓，收取其钱得数百万，用其二三十万为河伯娶妇，与祝巫共分其余钱持归。当其时，巫行视小家女好者，云是当为河伯妇。即娉取。洗沐之，为治新缯绮縠衣，闲居斋戒；为治斋宫河上，张缇绛帷，女居其中，为具牛酒饭食，行十余日。共粉饰之，如嫁女床席，令女居其上，浮之河中。始浮，行数十里乃没。其人家有好女者，恐大巫祝为河伯取之，以故多持女远逃亡。以故城中益空无人，又困贫，所从来久远矣。民人俗语曰'即不为河伯娶妇，水来漂没，溺其人民'云。"西门豹曰："至为河伯娶妇时，愿三老、巫祝、父老送女河上，幸来告语之，吾亦往送女。"皆曰："诺。"

　　至其时，西门豹往会之河上。三老、官属、豪长者、里父老皆会，以人民往观之者三二千人。其巫，老女子也，已年七十。从弟子女十人所，皆衣缯单衣，立大巫后。西门豹曰："呼河伯妇来，视其好丑。"即将女出帷中，来至前。豹视之，顾谓三老，巫祝、父老曰："是女子不好，烦大巫妪为入报河伯，得更求好女，后日送之。"即使吏卒共抱大巫妪投之河中。有顷，曰："巫妪何久也？弟子趣之？"复以弟子一人投河中。有顷，曰："弟子何久也？复使一人趣之！"复投一弟子河中。凡投三弟子。西门豹曰："巫妪、弟子，是女子也，不能白事。烦三老为入白之。"复投三老河中。西门豹簪笔磬折，向河立待良久。长老、吏旁观者皆惊恐。西门豹曰："巫妪、三老不来还，奈之何？"欲复使廷掾与豪长者一人入趣之。皆叩头，叩头且破，额血流地，色如死灰。西门豹曰："诺，且留待之须臾。"须臾，豹曰："廷掾起矣。状河伯留客之久，若皆罢去归矣。"邺吏民大惊恐，从是以后，不敢复言为河伯娶妇。

西门豹即发民凿十二渠，引河水灌民田，田皆溉。当其时，民治渠少烦苦，不欲也。豹曰："民可以乐成，不可与虑始。今父老子弟虽患苦我，然百岁后期令父老子孙思我言。"至今皆得水利，民人以给足富。

篇目二 ━━━━━━━━━━━━━━ # 孙子略解*

## 序

操闻上古有弧矢之利，《论语》曰"足兵"，《尚书》八政曰"师"，《易》曰"师贞丈人吉"，《诗》曰"王赫斯怒，爰征其旅"，黄帝、汤、武咸用干戚以济世也。《司马法》曰："人故杀人，杀之可也。"恃武者灭，恃文者亡，夫差、偃王是也。圣人之用兵，戢而时动，不得已而用之。吾观兵书战策多矣，孙武所著深矣。孙子者，齐人也，名武，为吴王阖闾作《兵法》一十三篇，试之妇人，卒以为将，西破强楚入郢，北威齐、晋。后百岁馀有孙膑，是武之后也。审计重举，明画深图，不可相诬。而但

<hr/>

* 《孙子略解》（即《孙子注》），开创了整理、注释《孙子兵法》的先河，丰富和发展了中国古代军事理论。其"兵以义动"的战争观，因事设奇、任势制胜的"诡诈论"，注重后勤保障和加强水军建设的远见，颇受后世推崇。本文核对参考版本：〔三国〕曹操，中华书局编辑部编：《曹操集》，中华书局2013年版。

世人未之深亮训说，况文烦富，行于世者，失其旨要，故撰为《略解》焉。

## 计篇

曹操曰：计者，选将量敌，度地料卒，远近险易，计于庙堂也。

兵者，国之大事，死生之地，存亡之道，不可不察也。故经之以五，校之计而索其情；

曹操曰：谓下五事，彼我之情。

一曰道，二曰天，三曰地，四曰将，五曰法。道者，令民与上同意也，故可与之死，可与之生，而民不畏危。

曹操曰：谓道之以教令。危者，危疑也。

天者，阴阳、寒暑、时制也。

曹操曰：顺天行诛，因阴阳四时之制。故《司马法》曰："冬夏不兴师，所以兼爱民也。"

地者，远近、险易、广狭、死生也。

曹操曰：言以九地形势不同，因时制利也。论在《九地篇》中。

将者，智、信、仁、勇、严也。

曹操曰：将宜五德备也。

法者，曲制、官道、主用也。

曹操曰：曲制者，部曲、旗帜、金鼓之制也。官者，百官之分也。道者，粮路也。主者，主军费用也。

凡此五者，将莫不闻，知之者胜，不知者不胜。故校之以计而以索其情。

曹操曰：同闻五者，将知其变极即胜也。索其情者，胜负之情。

曰主孰有道，将孰有能，

曹操曰：道德智能。

天地孰得，

曹操曰：天时、地利。

法令孰行？

曹操曰：设而不犯，犯而必诛。

兵众孰强？士卒孰练？赏罚孰明？吾以此知胜负矣。

曹操曰：以七事计之，知胜负矣。

将听吾计，用之必胜，留之；将不听吾计，用之必败，去之。

曹操曰：不能定计，则退而去也。

计利以听，乃为之势，以佐其外。

曹操曰：常法之外也。

势者，因利而制权也。

曹操曰：制由权也，权因事制也。

兵者，诡道也。

曹操曰：兵无常形，以诡诈为道。

故能而示之不能，用而示之不用，近而示之远，远而示之近。故利而诱之，乱而取之，实而备之，

曹操曰：敌治实须备之也。

强而避之，

曹操曰：避其所长也。

怒而挠之；

曹操曰：待其衰懈也。

卑而骄之，佚而劳之，

曹操曰：以利劳之。

亲而离之，

曹操曰：以间离之。

攻其无备，出其不意。

曹操曰：击其懈怠，出其空虚。

此兵家之胜，不可先传也。

曹操曰：传犹泄也。兵无常势，水无常形，临敌变化，不可先传，故料敌在心，察机在目也。

夫未战而庙算胜者，得算多也；未战而庙算不胜者，得算少也。多算胜，少算不胜，而况于无算乎！吾以此观之，胜负见矣。

曹操曰：以吾道观之矣。

# 作战篇

曹操曰：欲战必先算其费，务因粮于敌也。

孙子曰：凡用兵之法，驰车千驷，革车千乘，带甲十万。

曹操曰：驰车，轻车也，驾驷马；凡千乘。革车，重车也，言万骑之重。一车驾四马，卒十骑一重，养二人主炊，家子一人主保固守衣装，厩二人主养马，凡五人。步兵十人，重以大车驾牛。养二人主炊，家子一人主守衣装，凡三人也。带甲十万，士卒数也。

千里馈粮，

曹操曰：越境千里。

则外内之费，宾客之用，胶漆之财，车甲之奉，费日千金，然后十万之师举矣。

曹操曰：谓赠赏犹在外。

其用战也胜久则钝兵挫锐，攻城则屈力，

曹操曰：钝，弊也；屈，尽也。

久暴师则国用不足。夫钝兵、挫锐、屈力、殚货，则诸侯乘其弊而起，虽有智者，不能善其后矣。故兵闻拙速，未睹巧之久也。

曹操曰：虽拙有以速胜。未睹者，言其无也。

夫兵久而国利者，未之有也。故不尽知用兵之害者，则不能尽知用兵之利也。善用兵者，役不再籍，粮不三载；

曹操曰：籍犹赋也，言初赋民便取胜，不复归国发兵也。始载粮，后遂因食于敌，还兵入国，不复以粮迎之也。

取用于国，因粮于敌，故军食可足也。

曹操曰：兵甲战具，取用国中，粮食因敌也。

国之贫于师者远输，远输则百姓贫。近于师者贵卖，贵卖则百姓财竭，

曹操曰：军行已出界，近师者贪财，皆贵卖，则百姓虚竭也。

财竭则急于丘役。力屈财殚，中原内虚于家，百姓之费，十去其七。

曹操曰：丘，十六井也。百姓财殚尽而兵不解，则运粮尽力于原野也。十去其七者，所破费也。

公家之费，破车罢马，甲胄矢弩，戟楯蔽橹，丘牛大车，十去其六。

曹操曰：丘牛谓丘邑之牛，大车乃长毂车也。

故智将务食于敌，食敌一钟，当吾二十钟；䒱秆一石，当吾二十石。

曹操曰：六斛四斗为钟。计千里转运，二十钟而致一钟于车中也。䒱，豆稭也；秆，禾藁也。石者，一百二十斤也。转轮之法，费二十石得一石。一云，䒱音忌，豆也，七十斤为一石。当吾二十，言远费也。

故杀敌者，怒也；

曹操曰：威怒以致敌。

取敌之利者，货也。

曹操曰：军无财，士不来；军无赏，士不往。

故车战，得车十乘以上，赏其先得者，

曹操曰：以车战能得敌车十乘已上，赏赐之。不言车战得车十乘已上者赏之，而言赏得者何？言欲开示赏其所得车之卒也。陈车之法：五车为队，仆射一人；十军为官，卒长一人；车满十乘，将吏二人。因而用之，故别言赐之，欲使将恩下及也。或曰：言使自有车十乘已上与敌战，但取其有功者赏之，其十乘已下，虽一乘独得，余九乘皆赏之，所以率进励士也。

而更其旌旗，

曹操曰：与吾同也。

车杂而乘之，

曹操曰：不独任也。

卒共而养之，是谓胜敌而益强。

曹操曰：益己之强。

故兵贵速，不贵久。

曹操曰：久则不利。兵犹火也，不戢将自焚也。

故知兵之将，生民之司命，而国安危之主也。

曹操曰：将贤则国安也。

# 谋攻篇

曹操曰：欲攻敌，必先谋。

孙子曰：凡用兵之法，全国为上，破国次之；

曹操曰：兴师深入长驱，距其城郭，绝其内外，敌举国来服为上。以兵击破，败而得之，其次也。

全军为上，破军次之；

曹操曰：《司马法》曰："一万二千五百人为军。"

全旅为上，破旅次之；

曹操曰：五百人为旅。

全卒为上，破卒次之；

曹操曰：一旅已下至一百人也。

全伍为上，破伍次之。

曹操曰：百人已下至五人。

是故百战百胜，非善之善者也；不战而屈人之兵，善之善者也。

曹操曰：未战而敌自屈服。

故上兵伐谋，

曹操曰：敌始有谋，伐之易也。

其次伐交，

曹操曰：交，将合也。

其次伐兵，

曹操曰：兵形已成也。

下政攻城；

曹操曰：敌国以收其外粮，城以攻之，为下政也。

攻城之法，为不得已。修橹轒辒，其器械，三月而后成；距闉又三月而后已；

曹操曰：修，治也；橹，大楯也；轒辒者，轒床也。轒床其下四轮，从中推之至城下也。具，备也；器械者，机关攻守之总名，蜚楼云梯之属；距闉者，踊土积高而前，以附其城也。

将不胜其忿，而蚁附之，杀士三分之一，而城不拔者，此攻之灾。

曹操曰：将忿不待攻城器，而使士卒缘城而上，如蚁之缘墙，杀伤士卒也。

故善用兵者，屈人之兵，而非战也；拔人之城，而非攻也；毁人之国，而非久也。

曹操曰：毁灭人国，不久露师也。

必以全争于天下，故兵不顿而利可全，此谋攻之法也。

曹操曰：不与敌战而必完全得之，立胜于天下，则不顿兵血刃也。

故用兵之法，十则围之，

曹操曰：以十敌一则围之，是将智勇等而兵利钝均也。若主弱客强，不用十也，操所以倍兵围下邳生擒吕布也。

五则攻之，

曹操曰：以五敌一，则三术为正，二术为奇。

倍则分之，

曹操曰：以二敌一，则一术为正，一术为奇。

敌则能战之，

曹操曰：己与敌人众等，善者犹当设伏奇以胜之。

少则能逃之，

曹操曰：高壁坚垒，勿与战也。

不若则能避之。

曹操曰：引兵避之也。

故小敌之坚，大敌之擒也。

曹操曰：小不能当大也。

夫将者，国之辅也。辅周则国必强，

曹操曰：将周密，谋不泄也。

辅隙则国必弱。

曹操曰：形见于外也。

故君之所以患于军者三：不知军之不可以进而谓之进；不知军之不可以退而谓之退，是谓縻军；

曹操曰：縻，御也。

不知三军事，而同三军之政者，则军士惑矣；

曹操曰：军容不入国，国容不入军，礼不可以治兵也。

不知三军之权，而同三军之任，则军士疑矣。

曹操曰：不得其人意也。

三军既惑且疑，则诸侯之难至矣，是谓乱军引胜。

曹操曰：引，夺也。

故知胜有五：知可以战与不可以战者胜，识众寡之用者胜，上下同欲者胜。

曹操曰：君臣同欲。

以虞待不虞者胜。将能而君不御者胜。

曹操曰：《司马法》曰："惟退惟时，无曰寡人"也。

此五者，知胜之道也。

曹操曰：此上五事也。

故曰：知彼知己，百战不殆；不知彼而知己，一胜一负；不知彼，不知己，每战必殆。


## 形篇

曹操曰：军之形也。我动彼应，两敌相察情也。

孙子曰：昔之善战者，先为不可胜，以待敌之可胜。不可胜在己，可胜在敌。

曹操曰：自修理以待敌之虚懈也。

故善战者，能为不可胜，不能使敌必可胜，故曰：胜可知，

曹操曰：见成形也。

而不可为。

曹操曰：敌有备故也。

不可胜者守也，

曹操曰：藏形也。

可胜者攻也。

曹操曰：敌攻己，乃可胜。

守则不足，攻则有余。

曹操曰：吾所以守者，力不足也；所以攻者，力有余也。

善守者藏于九地之下，善攻者动于九天之上，故能自保而全胜也。

曹操曰：因山川丘陵之固者，藏于九地之下；因天时之便者，动于九天之上。

见胜不过众人之所知，非善之善者也；

曹操曰：当见未萌。

战胜而天下曰善，非善之善者也；

曹操曰：交争胜也。故太公曰："争胜于白刃之口，非良将也。"

故举秋毫不为多力，见日月不为明目，闻雷霆不为聪耳。

曹操曰：易见闻也。

古之所谓善战者胜，胜易胜者也。

曹操曰：原微易胜，攻其可胜，不攻其不可胜也。

故善战者之胜也，无智名，无勇功。

曹操曰：敌兵形未成，胜之无赫赫之功也。

故其战胜不忒；不忒者，其所措必胜，胜已败者也。

曹操曰：察敌有可败，不差忒也。

故善战者，立于不败之地，而不失敌之败也。是故胜兵先胜而后求战，败兵先战而后求胜。

曹操曰：有谋与无虑也。

善用兵者，修道而保法，故能为胜败之政。

曹操曰：善用兵者，先自修治为不可胜之道，保法度不失敌之败乱也。

兵法一曰度，二曰量，三曰数，四曰称，五曰胜。

曹操曰：胜败之政，用兵之法，当以此五事称量，知敌之情。

地生度，

曹操曰：因地形势而度之。

度生量，量生数，

曹操曰：知其远近广狭，知其人数也。

数生称，

曹操曰：称量敌孰愈也。

称生胜。

曹操曰：称量之故，知其胜负所在。

故胜兵如以镒称铢，败兵若以铢称镒，

曹操曰：轻不能举重也。

胜者之战民也，如决积水于千仞之隙者，形也。

曹操曰：八尺曰仞。决水千仞，其势疾也。

## 势篇

曹操曰：用兵任势也。

孙子曰：凡治众如治寡，分数是也；

曹操曰：部曲为分，什伍为数。

斗众如斗寡，形名是也。

曹操曰：旌旗曰形，金鼓曰名。

三军之众，可使必受敌而无败者，奇正是也；

曹操曰：先出合战为正，后出为奇。

兵之所加，如以碫投卵者，实虚是也。

曹操曰：以至实击至虚。

凡战者，以正合，以奇胜。

曹操曰：正者当敌，奇兵从旁击不备也。

故善出奇者，无穷如天地，不竭如江河，终而复始，日月是也；死而复生，四时是也。声不过五，五声之变，不可胜听也。色不过五，五色之变，不可胜观也。味不过五，五味之变，不可胜尝也。

曹操曰：自无穷如天地已下，皆以喻奇正之无穷也。

战势不过奇正，奇正之变，不可胜穷也。奇正还相，如循环之无端，孰能穷之？激水之疾，至于漂石者，势也；鸷鸟之疾，至于毁折者，节也。

曹操曰：发起击敌。

是故善战者，其势险，

曹操曰：险犹疾也。

其节短。

曹操曰：短，近也。

势如彍弩，节如发机。

曹操曰：在度不远，发则中也。

纷纷纭纭，斗乱而不可乱也；浑浑沌沌，形圆而不可败也。

曹操曰：旌旗乱也，示敌若乱，以金鼓齐之。车骑转而形圆者，出入有道齐整也。

乱生于治，怯生于勇，弱生于强。

曹操曰：皆毁形匿情也。

治乱数也；

曹操曰：以部曲分名数为之，故不乱也。

勇怯势也，强弱形也。

曹操曰：形势所宜。

故善动敌者，形之敌必从之，

曹操曰：见赢形也。

予之敌必取之，

曹操曰：以利诱敌，敌远离其垒，而以便势击其空虚孤特也。

以利动之，以卒待之。

曹操曰：以利动敌也。

故善战者，求之于势，不责于人，故能择人而任势。

曹操曰：求之于势者，专任权也；不责于人者，权变明也。

任势者，其战人也，如转木石。木石之性，安则静，危则动，方则止，圆则行。

曹操曰：任自然势也。

故善战人之势，如转圆石于千仞之山者，势也。

## 实虚篇

曹操曰：能虚实彼己也。

孙子曰：凡先处战地而待敌者佚，

曹操曰：力有余也。

后处战地而趋战者劳。故善战者，致人而不致于人。能使敌人自至者，利之也；

曹操曰：诱之以利也。

能使敌人不得至者，害之也。

曹操曰：出其所必趋，攻其所必救。

故敌佚能劳之，

曹操曰：以事烦之。

饱能饥之，

曹操曰：绝粮道以饥之。

安能动之。

曹操曰：攻其所必爱，出其所必趋，则使敌不得不相救也。

出其所必趋也，趋其所不意。

曹操曰：使敌不得不相往而救之也。

行千里而不劳者，行于无人之地也；

曹操曰：出空击虚，避其所守，击其不意。

攻而必取者，攻其所不守也；守而必固者，守其所不攻也。故善攻者，敌不知所守；善守者，敌不知所攻。

曹操曰：情不泄也。

微乎微乎，至于无形，神乎神乎，至于无声，故能为敌之司命。进不可御者，冲其虚也；退不可追者，速而不可及也。

曹操曰：卒往进攻其虚懈，退又疾也。

故我欲战，敌虽高垒深沟，不得不与我战者，攻其所必救也。

曹操曰：绝其粮道，守其归路，攻其君主也。

我不欲战，画地而守之，

曹操曰：军不欲烦也。

敌不得与我战者，乖其所之也。

曹操曰：乖，戾也。戾其道示以利害，使敌疑也。我未修垒堑，敌人不以形势之长，就能加之于我者，不敢攻我也。

故形人而我无形，则我专而敌分。我专为一，敌分为十，是以十共其一也，则我众而敌寡。能以众击寡者，则吾之所与战者约矣。吾所与战之地不可知，不可知，则敌所备者多；敌所备者多，则吾所战者寡矣。

曹操曰：形藏敌疑，则分离其众备我也，言少而易击也。

故备前则后寡，备后则前寡，备左则右寡，备右则左寡，无所不备，则无所不寡。寡者，备人者也；众者，使人备己者也。

曹操曰：上所谓形藏敌疑，则分离其众以备我也。

故知战之地，知战之日，则可千里而会战。

曹操曰：以度量知空虚会战之日。

不知战地，不知战日，则左不能救右，右不能救左，前不能救后，后不能救前，况远者数十里，近者数里乎？以吾度之，越人之兵虽多，亦奚益于胜败哉！

曹操曰：越人相聚，纷然无知也。或曰，吴越雠国也。

故曰：胜可为也。敌虽众，可使无斗。故策之而知得失之计，作之而知动静之理，形之而知死生之地，角之而知有余不足之处；

曹操曰：角，量也。

故形兵之极，至于无形，无形则深间不能窥，知者不能谋。因形而错胜于众，众不能知；

曹操曰：因敌形而立胜。

人皆知我所以胜之形，而莫知吾所以制胜之形；

曹操曰：不以一形之胜万形。或曰，不备知也。制胜者，人皆知吾所以胜，莫知吾因敌形制胜也。

故其战胜不复，而应形于无穷。

曹操曰：不重复动而应之也。

夫兵形象水，水之行，趋高而避下；兵之形，避实而击虚。水因地而制流，兵因敌而制胜。故兵无常势，水无常形，能因敌变化而取胜者，谓之神。

曹操曰：势盛必衰，形露必败，故能因敌变化，取胜若神。

故五行无常胜，四时无常位，日有短长，月有死生。

曹操曰：兵无常势，盈缩随敌。

## 军争篇

曹操曰：两军争胜。

孙子曰：凡用兵之法，将受命于君，合军聚众，

曹操曰：聚国人，结行伍，选部曲，起营为军陈。

交和而舍，

曹操曰：军门为和门，左右门为旗门，以车为营曰辕门，以人为营曰人门，两军相对为交和。

莫难于军争。

曹操曰：从始受命，至于交和，军争难也。

军争之难者，以迂为直，以患为利。

曹操曰：示以远，速其道里，先敌至也。

故迂其途而诱之以利，后人发，先人至，此知迂直之计者也。

曹操曰：迂其途者，示之远也；后人发，先人至者，明于度数，先知远近之计也。

故军争为利，军争为危。

曹操曰：善者则以利，不善者则以危。

举军而争利，则不及；

曹操曰：迟不及也。

委军而争利，则辎重捐。

曹操曰：置辎重，则恐捐弃也。

是故卷甲而趋，日夜不处，

曹操曰：不得休息，罢也。

倍道兼行，百里而争利，则擒三将军。劲者先，罢者后，则法十一而至。

曹操曰：百里而争利，非也；三将军皆以为擒。

五十里而争利，则蹶上将军，其法半至。

曹操曰：蹶犹挫也。

三十里而争利，则三分之二至。

曹操曰：道近至者多，故无死败也。

是故军无辎重则亡，无粮食则亡，无委积则亡。

曹操曰：无此三者，亡之道也。

是故不知诸侯之谋者，不能豫交；

曹操曰：不知敌情谋者，不能结交也。

不知山林、险阻、沮泽之形者，不能行军；

曹操曰：高而崇者为山，众树所聚者为林，坑堑者为险，一高一下者为阻，水草渐洳者为沮，众水所归而不流者为泽。不先知军之所据及山川之形者，则不能行师也。

不用乡导者，不能得地利。故兵以诈立，以利动，以分合变者也。

曹操曰：兵一分一合，以敌为变也。

故其疾如风，

曹操曰：击空虚也。

其徐如林，

曹操曰：不见利也。

侵掠如火，

曹操曰：疾也。

不动如山，

曹操曰：守也。

难知如阴，动如雷霆。掠乡分众，

曹操曰：因敌而制胜也。

廓地分利,

曹操曰:分敌利也。

悬权而动。

曹操曰:量敌而动也。

先知迂直之计者胜,此军争之法也。《军政》曰:"言不相闻,故为鼓铎;视不相见,故为旌旗。"夫金鼓旌旗者,所以一民之耳目也。

民既专一,则勇者不得独进,怯者不得独退,此用众之法也。故夜战多火鼓,昼战多旌旗,所以变民之耳目也。故三军可夺气,

曹操曰:左氏言一鼓作气,再而衰,三而竭。

将军可夺心。是故朝气锐,昼气惰,暮气归。故善用兵者,避其锐气,击其惰归,此治气者也。以治待乱,以静待哗,此治心者也。以近待远,以佚待劳,以饱待饥,此治力者也。无要正正之旗,勿击堂堂之陈,此治变者也。

曹操曰:正正,齐也;堂堂,大也。

故用兵之法,高陵勿向,背丘勿逆,佯北勿从,锐卒勿攻,饵兵勿食,归师勿遏,围师必阙,

曹操曰:《司马法》曰:"围其三面,阙其一面,所以示生路也。"

穷寇勿迫。此用兵之法也。

# 九变篇

曹操曰：变其正，得其所用九也。

孙子曰：凡用兵之法：将受命于君，合军聚众。圮地无舍，

曹操曰：无所依也。水毁曰圮。

衢地合交，

曹操曰：结诸侯也。

绝地无留，

曹操曰：无久止也。

围地则谋，

曹操曰：发奇谋也。

死地则战。

曹操曰：殊死战也。

途有所不由，

曹操曰：隘难之地，所不当从，不得已从之，故为变。

军有所不击，

曹操曰：军虽可击，以地险难久，留之失前利，若得之则利薄，困穷之兵，必死战也。

城有所不攻，

曹操曰：城小而固，粮饶，不可攻也。操所以置华、费而深入徐州，得十四县也。

地有所不争，

曹操曰：小利之地，方争得而失之，则不争也。

君令有所不受。

曹操曰：苟便于事，不拘于君命也，故曰：不从中御。

故将通于九变之利者，知用兵矣。将不通于九变之利者，虽知地形，不能得地之利矣。治兵不知九变之术，虽知五利，不能得人之用矣。

曹操曰：谓下五事也。九变，一云五变。

是故智者之虑，必杂于利害。

曹操曰：在利思害，在害思利，当难行权也。

杂于利，故务可信也，

曹操曰：计敌不能依五地为我害，所务可信也。

杂于害，故患可解也。

曹操曰：既参于利，则亦计于害，虽有患可解也。

是故屈诸侯者以害，

曹操曰：害其所恶也。

役诸侯者以业，

曹操曰：业，事也，使其烦劳，若彼入我出，彼出我入也。

趋诸侯者以利。

曹操曰：令自来也。

故用兵之法，无恃其不来，恃吾有以待也；无恃其不攻，恃吾不可攻也。

曹操曰：安不忘危，常设备也。

故将有五危：必死，可杀也；

曹操曰：勇而无虑，必欲死斗，不可曲挠，可以奇伏中之。

必生，可虏也；

曹操曰：见利畏怯不进也。

忿速，可侮也；

曹操曰：疾急之人，可忿怒而侮致之也。

洁廉，可辱也；

曹操曰：廉洁之人，可污辱致之也。

爱民，可烦也。

曹操曰：出其所必趋，爱民者，则必倍道兼行以救之，救之则烦劳也。

凡此五者，将之过也，用兵之灾也。覆军杀将，必以五危，不可不察也。

## 行军篇

曹操曰：择便利而行也。

孙子曰：凡处军相敌，绝山依谷，

曹操曰：近水草便利也。

视生处高，

曹操曰：生者，阳也。

战隆无登，

曹操曰：无迎高也。

此处山之军也。绝水必远水；

曹操曰：引敌使渡。

客绝水而来，勿迎之于水内，令半济而击之利；欲战者，无附于水而迎客；

曹操曰：附，近也。

视生处高，

曹操曰：水上亦当处其高也，前向水、后当依高而处之。

无迎水流，

曹操曰：恐溉我也。

此处水上之军也。绝斥泽，惟亟去无留；若交军斥泽之中，必依水草，而背众树，

曹操曰：不得已与敌会于斥泽之中。

此处斥泽之军也。平陆处易，

曹操曰：车骑之利也。

而右背高，前死后生，

曹操曰：战便也。

此处平陆之军也。凡此四军之利，黄帝之所以胜四帝也。

曹操曰：黄帝始立，四方诸侯无不称帝，以此四地胜之也。

凡军要高而恶下，贵阳而贱阴，养生而处实；

曹操曰：恃满实也。养生向水草，可放牧养畜乘。实犹高也。

军无百疾，是谓必胜。陵丘堤防，必处其阳，而右背之；此兵之利，地之助也。上雨，水沫至，欲涉者，待其定也。

曹操曰：恐半涉而水遽涨也。

凡地有绝涧、天井、天牢、天罗、天陷、天隙，必亟去之，勿近也。

曹操曰：山深水大者为绝涧，四方高中央下为天井，深山所过若蒙笼者为天牢，可以罗绝人者为天罗，地形陷者为天陷，山涧迫狭地形，深数尺长数丈者为天隙。

吾远之，敌近之；吾迎之，敌背之。

曹操曰：用兵常远六害，令敌近背之，则我利敌凶。

军旁有险阻、蒋潢井、生葭苇、山林、蘙荟，必谨覆索之，此伏奸之所藏处也。

曹操曰：险者，一高一下之地；阻者，多水也；蒋者，水草之聚生也；潢者，池也；井者，下也；葭苇者，众草所聚；山林者，众木所居也；蘙荟者，可屏蔽之处也。此以上论地形也，以下相敌情也。

敌近而静者，恃其险也；敌远而挑战者，欲人之进也；其所居者易利也。

曹操曰：所居利也。

众树动者，来也；

曹操曰：斩伐树木，除道进来，故动。

众草多障者，疑也。

曹操曰：结草为障，欲使我疑也。

鸟起者，伏也；

曹操曰：鸟起其上，下有伏兵。

兽骇者，覆也。

曹操曰：敌广陈张翼，来覆我也。

尘高而锐者，车来也；卑而广者，徒来也；散而条达者，樵采也；

少而往来者，营军也。辞卑而备益者，进也；

曹操曰：其使来辞卑，使间视之，敌人增备也。

辞诡而强进驱者，退也；

曹操曰：诡，诈也。

轻车先出居其侧者，陈也；

曹操曰：陈兵欲战也。

无约而请和者，谋也；奔走而陈兵车者，期也；半进半退者，诱也。倚仗而立者，饥也；汲而先饮者，渴也；见利而不进者，劳也。

曹操曰：士卒疲劳也。

鸟集者，虚也；夜呼者，恐也；

曹操曰：军士夜呼，将不勇也。

军扰者，将不重也；旌旗动者，乱也；吏怒者，倦也；粟马肉食，军无悬甋，不返其舍者，穷寇也。谆谆翕翕，徐言入入者，失众也；

曹操曰：谆谆，语貌；翕翕，失志貌。

数赏者，窘也；数罚者，困也；先暴而后畏其众者，不精之至也。

曹操曰：先轻敌，后闻其众，则心恶之也。

来委谢者，欲休息也。兵怒而相迎，久而不合，又不相去，必谨察之。

曹操曰：备奇伏也。

兵非多益也，

曹操曰：权力均。一云，兵非贵益多。

惟无武进，

曹操曰：未见便也。

足以并力料敌取人而已。

曹操曰：厮养足也。

夫惟无虑而易敌者，必擒于人。卒未亲附而罚之，则不服，不服则难用也。卒已亲附而罚不行，则不可用也。

曹操曰：恩信已洽，若无刑罚，则骄情难用也。

故令之以文，齐之以武，

曹操曰：文，仁也；武，法也。

是谓必取。令素行以教其民，则民服；令素不行以教其民，则民不服。令素信著者，与众相得也。

## 地形篇

曹操曰：欲战，审地形以立胜也。

孙子曰：地形有通者，有挂者，有支者，有隘者，有险者，有远者。

曹操曰：此六者，地之形也。

我可以往，彼可以来，曰通。通形者，先居高阳，利粮道，以战则利。

曹操曰：宁致人，无致于人。

可以往，难以返，曰挂。挂形者，敌无备，出而胜之；敌若有备，出而不胜，难以返，不利。我出而不利，彼出而不利，曰支。支形者，敌虽利我，我无出也；引而去，令敌半出而击之，利。隘形者，我先居之，必盈之以待敌；若敌先居之，盈而勿从，不盈而从之。

曹操曰：隘形者，两山间通谷也，敌势不得挠我也。我先居之，必前齐隘口，陈而守之，以出奇也。敌若先居此地，齐口陈，勿从也。即半隘陈者从之，而与敌共此利也。

险形者，我先居之，必居高阳以待敌；若敌先居之，引而去之，勿从也。

曹操曰：地形险隘，尤不可致于人。

远形者，势均，难以挑战，战而不利。

曹操曰：挑战者，延敌也。

凡此六者，地之道也，将之至任，不可不察也。故兵有走者，有弛者，有陷者，有崩者，有乱者，有北者。凡此六者，非天之灾，将之过也。夫势均以一击十，曰走；

曹操曰：不料力。

卒强吏弱，曰弛；

曹操曰：吏不能统，故弛坏。

吏强卒弱，曰陷；

曹操曰：吏强欲进，卒弱辄陷，败也。

大吏怒而不服，遇敌怼而自战，将不知其能，曰崩；

曹操曰：大吏，小将也。大将怒之而不厌服，忿而赴敌，不量轻重，则必崩坏。

将弱不严，教道不明，吏卒无常，陈兵纵横，曰乱；

曹操曰：为将若此，乱之道也。

将不能料敌，以少合众，以弱击强，兵无选锋，曰北。

曹操曰：其势若此，必走之兵也。

凡此六者，败之道也，将之至任，不可不察也。夫地形者，兵之助也。料敌制胜，计险厄远近，上将之道也。知此而用战者必胜，不知此而用战者必败。故战道必胜，主曰无战，必战可也；战道不胜，主曰必战，无战可也。故进不求名，退不避罪，唯民是保，而利合于主，国之宝也。视卒如婴儿，故可与之赴深溪，视卒如爱子，故可与之俱死。厚而不能使，爱而不能令，乱而不能治，譬如骄子，不可用也。

曹操曰：恩不可专用，罚不可独任，若骄子之喜怒对目，还害而不可用也。

知吾卒之可以击，而不知敌之不可击，胜之半也；知敌之可击，而不知吾卒之不可以击，胜之半也；知敌之可击，知吾卒之可以击，而不知地形之不可以战，胜之半也。

曹操曰：胜之半者，未可知也。

故知兵者，动而不迷，举而不穷。故曰：知彼知己，胜乃不殆；知地知天，胜乃可全。

# 九地篇

曹操曰：欲战之地有九。

孙子曰：用兵之法，有散地，有轻地，有争地，有交地，有衢地，有重地，有圮地，有围地，有死地。

曹操曰：此九地之名也。

诸侯自战其地为散地；

曹操曰：士卒恋土，道近易散。

入人之地而不深者为轻地；

曹操曰：士卒皆轻返也。

我得则利，彼得亦利者为争地；

曹操曰：可以少胜众，弱胜强。

我可以往，彼可以来者为交地；

曹操曰：道正相交错也。

诸侯之地三属，

曹操曰：我与敌相当，而旁有他国也。

先至而得天下之众者为衢地；

曹操曰：先至得其国助也。

入人之地深，背城邑多者为重地；

曹操曰：难返之地。

行山林、险阻、沮泽，凡难行之道者为圮地；

曹操曰：少固也。

所由入者隘，所从归者迂，彼寡可以击吾之众者为围地；疾战则存，不疾战则亡者为死地。

曹操曰：前有高山，后有大水，进则不得，退则有碍。

是故散地则无以战，轻地则无止，争地则无攻，

曹操曰：不当攻，当先至为利也。

交地则无绝，

曹操曰：相及属也。

衢地则合交，

曹操曰：结诸侯也。

重地则掠，

曹操曰：蓄积粮食也。

圮地则行，

曹操曰：无稽留也。

围地则谋，

曹操曰：发奇谋也。

死地则战。

曹操曰：殊死战也。

所谓古之善用兵者，能使敌人前后不相及，众寡不相恃，贵贱不相救，上下不相扶，卒离而不集，兵合而不齐。合于利而动，不合于利而止。

曹操曰：暴之使离，乱之使不齐，动兵而战。

敢问：敌众整而将来，待之若何？

曹操曰：或问也。

曰：先夺其所爱，则听矣。

曹操曰：夺其所恃之利。若先据利地，则我所欲必得也。

兵之情主速，乘人之不给，由不虞之道，攻其所不戒也。

曹操曰：孙子应难以覆陈兵情也。

凡为客之道，深入则专，主人不克。掠于饶野，三军足食，谨养而勿劳，并气积力，运兵计谋，为不可测。

曹操曰：养士并气运兵，为不可测度之计。

投之无所往，死且不北，死焉不得，

曹操曰：士死安不得也。

士人尽力。

曹操曰：在难地心并也。

兵士甚陷则不惧，无所往则固，深入则拘，

曹操曰：拘，缚也。

不得已则斗。

曹操曰：人穷则死战也。

是故其兵不修而戒，不求而得，不约而亲，不令而信，

曹操曰：不求索其意，自得力也。

禁祥去疑，至死无所之。

曹操曰：禁妖祥之言，去疑惑之计。

吾士无余财，非恶货也；无余死，非恶寿也。

曹操曰：皆烧焚财物，非恶货之多也；弃财致死者，不得已也。

令发之日，士卒坐者涕沾襟，偃卧者涕交颐。

曹操曰：皆持必死之计。

投之无所往者，诸、刿之勇也。故善用军，譬如率然；率然者，常山之蛇也。击其首则尾至，击其尾则首至，击其中则首尾俱至。敢问：兵可使如率然乎？曰：可。夫吴人与越人相恶也，当其同舟而济，遇风，其相救如左右手。是故方马埋轮，未足恃也；

曹操曰：方，缚马也；埋轮，示不动也。此言专难不如权巧，故曰：设方马埋轮，不足恃也。

齐勇若一，政之道也；刚柔皆得，地之理也。

曹操曰：强弱一势也。

故善用兵者，携手若使一人，不得已也。

曹操曰：齐一貌也。

将军之事，静以幽，正以治。

曹操曰：谓清净幽深平正。

能愚士卒之耳目，使之无知。

曹操曰：愚，误也。民可与乐成，不可与虑始。

易其事，革其谋，使人无识；易其居，迂其途，使民不得
虑。帅与之期，如登高而去其梯；帅与之深入诸侯之地，而发其
机。焚舟破釜，若驱群羊而往，驱而来，莫知所之。

曹操曰：一其心也。

聚三军之众，投之于险，此谓将军之事也。

曹操曰：险，难也。

九地之变，屈伸之利，人情之理，不可不察也。

曹操曰：人情见利而进，见害而退。

凡为客之道，深则专，浅则散。去国越境而师者，绝地也；
四达者，衢地也；入深者，重地也；入浅者，轻地也；背固前隘
者，围地也；无所往者，死地也。是故散地，吾将一其志；轻
地，吾将使之属；

曹操曰：使相及属。

争地，吾将趋其后；

曹操曰：地利在前，当速进其后也。

交地，吾将谨其守；衢地，吾将固其结；重地，吾将继其食；

曹操曰：掠彼也。

圮地，吾将进其途；

曹操曰：疾过去也。

围地，吾将塞其阙；

曹操曰：以一士心也。

死地，吾将示之以不活。

曹操曰：励士也。

故兵之情，围则御，

曹操曰：相持御也。

不得已则斗，

曹操曰：势有不得已也。

过则从。

曹操曰：陷之甚过，则从计也。

是故不知诸侯之谋者，不能预交；不知山林、险阻、沮泽之形者，不能行军；不用乡导者，不能得地利。

曹操曰：上已陈此三事，而复云者，力恶不能用兵，故复言之。

四五者不知一，非霸王之兵也。

曹操曰：谓九地之利害。或曰：上四五事也。

夫霸王之兵，伐大国，则其众不得聚；威加于敌，则其交不得合。是故不争天下之交，不养天下之权；信己之私，威加于敌，故其城可拔也，其国可隳。

曹操曰：霸王者，不结成天下诸侯之交权者也，绝天下之交，夺天下之权，以威德伸己之私。

施无法之赏，悬无政之令，

曹操曰：言军法令不应预施悬也。《司马法》曰："见敌作誓，瞻功作赏。"此之谓也。

犯三军之众，若使一人。

曹操曰：犯，用也。言明赏罚，虽用众，若使一人也。

犯之以事，勿告以言；犯之以利，勿告以害。

曹操曰：勿使知害。

投之亡地然后存，陷之死地然后生。

曹操曰：必殊死战，在亡地无败者。孙膑曰："兵恐不投之死地也。"

夫众陷于害，然后能为败胜。故为兵之事，在于顺详敌之意，

曹操曰：佯，愚也。或曰：彼欲进，设伏而退；欲去，开而击之。

并敌一向，千里杀将，

曹操曰：并兵向敌，虽千里能擒其将也。

此谓巧能成事者也。

曹操曰：是成事巧者也。一作是谓巧攻成事。

是故政举之日，夷关折符，无通其使，

曹操曰：谋定则闭关折符，无得有所沮议，恐惑众士心也。

励于廊庙之上，以诛其事。

曹操曰：诛，治也。

敌人开阖，必亟入之，

曹操曰：敌有间隙，当急入之也。

先其所爱，

曹操曰：据利便也。

微与之期。

曹操曰：后人发，先人至。

践墨随敌，以决战事。

曹操曰：行践规矩无常也。

是故始如处女，敌人开户，后如脱兔，敌不及拒。

曹操曰：处女示弱，脱兔往疾也。


## 火攻篇

曹操曰：以火攻，当择时日也。

孙子曰：凡攻火有五：一曰火人，二曰火积，三曰火辎，四曰火库，五曰火队。行火必有因，

曹操曰：因奸人。

烟火必素具。

曹操曰：烟火，烧具也。

发火有时，起火有日。时者，天之燥也；

曹操曰：燥者，旱也。

日者，宿在箕、壁、翼、轸也；凡此四宿者，风起之日也。凡火攻，必因五火之变而应之。火发于内，则早应之于外。

曹操曰：以兵应之也。

火发而其兵静者，待而勿攻。极其火力，可从而从之，不可从而止。

曹操曰：见可而进，知难而退。

火可发于外，无待于内，以时发之。火发上风，无攻下风。

曹操曰：不便也。

昼风久，夜风止。

曹操曰：数当然也。

凡军必知有五火之变，以数守之。故以火佐攻者明，以水佐攻者强。水可以绝，不可以夺。

曹操曰：火佐者，取胜明也；水佐者，但可以绝敌道，分敌军，不可以夺敌蓄积。

夫战胜攻取而不修其功者凶，命曰费留。

曹操曰：若水之留，不复还也。或曰：赏不以时，但费留也，赏善不踰日也。

故曰，明主虑之，良将修之。非利不动，非得不用，非危不战。

曹操曰：不得已而用兵。

主不可以怒而兴师，将不可以愠而致战；合于利而用，不合于利而止；

曹操曰：不得以己之喜怒而用兵也。

怒可以复喜，愠可以复悦，亡国不可以复存，死者不可以复生。故明君慎之，良将警之，此安国全军之道也。

## 用间篇

曹操曰：战者必用间谍，以知敌之情实也。

孙子曰：凡兴师十万，出兵千里，百姓之费，公家之奉，日费千金，内外骚动，怠于道路，不得操事者七十万家。

曹操曰：古者八家为邻，一家从军，七家奉之，言十万之师举，不事耕稼者七十万家。

相守数年，以争一日之胜，而爱爵禄百金，不知敌之情者，不仁之至也，非人之将也，非主之佐也，非胜之主也。故明君贤将，所以动而胜人，成功出于众者，先知也。先知者不可取于鬼神，不可象于事，

曹操曰：不可以祷祀而求，不可以事类而求也。

不可验于度，

曹操曰：不可以事数度也。

必取于人，知敌之情者也。

曹操曰：因人也。

故用间有五：有因间，有内间，有反间，有死间，有生间。五间俱起，莫知其道，是为神纪，人君之宝也。

曹操曰：同时任用五间也。

因间者，因其乡人而用之。内间者，因其官人而用之。反间者，因其敌间而用之。死间者，为诳事于外，令吾间知之，而传于敌。生间者，反报也。故三军之亲，莫亲于间，赏莫厚于间，事莫密于间。非智圣不能用间，非仁义不能使间，非微妙不能得间之实。微哉，微哉，无所不用间也！间事未发而先闻者，间与所告者皆死。凡军之所欲击，城之所欲攻，人之所欲杀，必先知其守将、左右、谒者、门者、舍人之姓名，令吾间必索知之。必索敌间之间来间我者，因而利之，导而舍之，故反间可得而用也。

曹操曰：舍，居止也。

因是而知之，故乡间、内间可得而使也；因是而知之，故死间为诳事，可使告敌；因是而知之，故生间可使如期。五间之事，主必知之，知之必在于反间，故反间不可不厚也。昔殷之兴也，伊挚在夏；

曹操曰：伊挚，伊尹也。

周之兴也，吕牙在殷。

曹操曰：吕牙，太公也。

故惟明君贤将能以上智为间者，必成大功，此兵之要，三军之所恃而动也。